VILA OESTE

UMA HISTÓRIA DE BRAVURA E PIONEIRISMO

Editora Appris Ltda.
1.ª Edição - Copyright© 2024 do autor
Direitos de Edição Reservados à Editora Appris Ltda.

Nenhuma parte desta obra poderá ser utilizada indevidamente, sem estar de acordo com a Lei nº 9.610/98. Se incorreções forem encontradas, serão de exclusiva responsabilidade de seus organizadores. Foi realizado o Depósito Legal na Fundação Biblioteca Nacional, de acordo com as Leis nos 10.994, de 14/12/2004, e 12.192, de 14/01/2010.

Catalogação na Fonte
Elaborado por: Josefina A. S. Guedes
Bibliotecária CRB 9/870

V658v 2024	Vieira, Ageu Vila Oeste: uma história de bravura e pioneirismo / Ageu Vieira. 1. ed. Curitiba: Appris, 2024. 191 p. ; 23 cm. Inclui referências. ISBN 978-65-250-5532-9 1. Vila Oeste – Santa Catarina – História. 2. Emigração e imigração. 3. Pioneirismo. I. Título. CDD – 981.64

Livro de acordo com a normalização técnica da ABNT

Appris editora

Editora e Livraria Appris Ltda.
Av. Manoel Ribas, 2265 – Mercês
Curitiba/PR – CEP: 80810-002
Tel. (41) 3156 - 4731
www.editoraappris.com.br

Printed in Brazil
Impresso no Brasil

Ageu Vieira

VILA OESTE

UMA HISTÓRIA DE BRAVURA E PIONEIRISMO

FICHA TÉCNICA

EDITORIAL Augusto Coelho
Sara C. de Andrade Coelho

COMITÊ EDITORIAL Marli Caetano
Andréa Barbosa Gouveia (UFPR)
Jacques de Lima Ferreira (UP)
Marilda Aparecida Behrens (PUCPR)
Ana El Achkar (UNIVERSO/RJ)
Conrado Moreira Mendes (PUC-MG)
Eliete Correia dos Santos (UEPB)
Fabiano Santos (UERJ/IESP)
Francinete Fernandes de Sousa (UEPB)
Francisco Carlos Duarte (PUCPR)
Francisco de Assis (Fiam-Faam, SP, Brasil)
Juliana Reichert Assunção Tonelli (UEL)
Maria Aparecida Barbosa (USP)
Maria Helena Zamora (PUC-Rio)
Maria Margarida de Andrade (Umack)
Roque Ismael da Costa Güllich (UFFS)
Toni Reis (UFPR)
Valdomiro de Oliveira (UFPR)
Valério Brusamolin (IFPR)

SUPERVISOR DA PRODUÇÃO Renata Cristina Lopes Miccelli

ASSESSORIA EDITORIAL Miriam Gomes

REVISÃO Katine Walmrath

PRODUÇÃO EDITORIAL Miriam Gomes de Freitas

DIAGRAMAÇÃO Bruno Ferreira Nascimento

CAPA Eneo Lage

REVISÃO DE PROVA Jibril Keddeh

PREFÁCIO

O livro *Vila Oeste: uma história de bravura e pioneirismo* é um dos escritos históricos mais interessantes que tive oportunidade de ler até hoje, não querendo com isso ofender outros escritores.

É um minucioso trabalho que retrata, de maneira irretocável, uma verdadeira saga perpetrada pelos pioneiros e fundadores do município, hoje, de São Miguel do Oeste, e que o escritor escreveu com zelo, amor, dedicação e muito prazer, com certeza.

Assim revela o escritor Ageu Vieira. E o que se apresenta agora não é apenas um compêndio de histórias, mas uma saga de pioneiros que, com bravura indômita, descerraram o mato que envolvia essa região, sofreram as agruras dos tempos difíceis e prosperaram. É também um trabalho reflexivo e interpretativo, que não pode ser somente observado à luz da história; nos remete a incontáveis situações de superação e bravura, miradas num horizonte de prosperidade. É a transformação de um projeto de colonização em uma região próspera, com indústrias, produção agropecuária, universidades e tudo mais que o estilo de vida atual propõe.

É de se observar que a saga dos desbravadores e colonizadores é, antes de tudo, humana. Seus temores, dúvidas, decisões e irresignações nos remetem à vida social que aqui desenvolveram e às durezas de sua construção.

Infelizmente, os significados do passado não estão mais presentes nas relações sociais atuais, no entanto, podem ser redescobertos...

Vitor Carlos D'Agostini
Mestre em Direito e vice-reitor da Universidade do Oeste de Santa Catarina (Unoesc)

APRESENTAÇÃO

A história da Vila Oeste, núcleo de colonização na fronteira com a Argentina, em Santa Catarina, a partir da década de 1940, já é bastante conhecida. Alguns fatos, eivados de pinceladas de heroísmo, ainda são contados pelos próprios personagens que vivenciaram as dificuldades iniciais enfrentadas há mais de 70 anos e que ainda vivem.

Até a emancipação do município de São Miguel do Oeste, em 1954, foram vencidas dificuldades imensas, como a quase inexistência de estradas que obrigava a vinda de famílias da Serra Gaúcha com mudanças, animais e filhos vencendo os atoleiros e as picadas abertas no meio do sertão.

Também ficaram para trás as decepções da chegada. Anunciava-se, nas propagandas pela imprensa dirigidas aos colonos e imigrantes, terra fértil, plana, clima ameno, estrutura de estradas e das comunidades e até mesmo a inexistência de formigas.

Proximidades das nascentes do Guamirim. Acervo de Antonietta Longhi

O que se viu, na chegada, foi muito diferente da propaganda enganosa anunciada nos jornais escritos em italiano. Um barracão de taquaras esperava as famílias, que tinham que ficar arranchadas nas proximidades do riacho Guamirim até que conseguissem construir as próprias residências, depois de abrir clareiras no mato fechado e estradas por onde as tábuas e todo o material de construção eram transportados em carroças puxadas por mulas.

Não existia igreja nem escola. Não havia médico nem hospital.

Muitas famílias desistiram e foram embora, voltando para o Rio Grande do Sul, e abandonando o sonho de uma vida nova, de fartura, vencidas pelas nuvens de mosquitos que infernizavam a vida dos primeiros moradores.

Uma estiagem devastadora, de 1943 até 1946, consumiu praticamente tudo o que era plantado, gerando um período de estagnação da economia, de quase falência, impedindo o transporte de madeira pelos rios das Antas e Uruguai, acabando com os parcos empregos que existiam nas madeireiras, gerando um quadro de escassez e fome sem precedentes. A chuva, quando veio, em 1946, quase dizimou toda a comunidade, provocando uma epidemia de tifo, matando muitos moradores, com precária assistência de saúde, improvisada estrutura médica no salão paroquial da Igreja Católica. Algumas moradoras assumiram as funções de enfermeiras emergenciais, capitaneadas pelo padre Aurélio Canzi, figura central dos primeiros anos da nova colônia.

Vencidos esses desafios, com muitas perdas de vidas e famílias vencidas pelas dificuldades iniciais, abriram os horizontes para a busca de crescimento, com lutas políticas e muita coragem. Do quase município emancipado de Monte Castelo pelo governador do Território Federal do Iguaçu, cuja extinção aprovada pela Constituição Federal de 1946 abortou o projeto onze dias antes da implantação, até a efetiva emancipação, passaram-se mais oito anos.

A trajetória da comunidade, com seus percalços e conquistas, levou a Vila Oeste à implantação, em 15 de fevereiro de 1954, do município de São Miguel do Oeste, que hoje lidera a região de fronteira, tendo se transformado num moderno núcleo populacional, onde se concentram universidades, hospitais, indústrias, comércio e serviços de excelência, de larga influência regional.

O presente trabalho percorre os tempos iniciais que, verdadeiramente, revestiram-se de uma saga de bravura e pioneirismo. Um relato recheado de imagens e registros daquelas pessoas que fizeram a história da Vila Oeste até hoje, muitas imagens inéditas, que deixaram as gavetas das residências dos pioneiros para chegar a esta obra literária e relembrar todo o caminho percorrido.

SUMÁRIO

CABEZA DE VACA ESTEVE NO EXTREMO OESTE?...................... 11

OS PRIMEIROS DESBRAVADORES EM 1552............................ 15

AS COLÔNIAS MILITARES E OS PRIMEIROS COLONOS 19

"OS ESPANHÓIS NUNCA VIRAM O PEPIRI"........................... 23

ENTRE ÍNDIOS FEROZES E ARGENTINOS.............................. 25

ARGENTINOS CHEGARAM A CEDER TERRAS........................ 29

A EXPEDIÇÃO DE GUSTAVO NIEDERLEIN EM 1884 31

A BANDEIRA ARGENTINA E SÓ UM BRASILEIRO...................... 35

NATURALISTA É DESMENTIDO... 37

MORTE NA DEMARCAÇÃO DO PEPERI 39

DOIS PAÍSES, TRÊS ESTADOS E UM TERRITÓRIO 41

DIFICULDADES PARA COLONIZAÇÃO DA FRONTEIRA 45

SEM ESTRADAS, MAS COM IMPOSTOS................................. 49

LITÍGIO ATRASOU OCUPAÇÃO DA FRONTEIRA 53

A PASSAGEM DA COLUNA PRESTES PELA REGIÃO................... 57

ADOLPHO KONDER E A AVENTURA NOS SERTÕES................... 61

COLONIZADORES DESCOBREM O EXTREMO OESTE 67

ENTRE A SECA E A FEBRE TIFOIDE 83

A CRIAÇÃO DA PARÓQUIA DE SÃO MIGUEL ARCANJO.............. 89

A COMUNIDADE EVANGÉLICA 93

A CRIAÇÃO DO TERRITÓRIO DO IGUAÇU 97

VILA OESTE PODERIA TER SIDO MONTE CASTELO 101

A CRIAÇÃO DA SOCIEDADE AMIGOS DA VILA OESTE............... 105

VICE-PRESIDENTE NA INSTALAÇÃO DO DISTRITO 109

O DIA EM QUE BANDEIRANTE FOI INVADIDA.....................111

CRIAÇÃO DO MUNICÍPIO DE SÃO MIGUEL DO OESTE............113

A POLÍTICA DOS PRIMEIROS ANOS 117

A PRIMEIRA ELEIÇÃO PARA PREFEITO...........................119

A POSSE E RENÚNCIA DE AVELINO DE BONA.....................123

A POSSE DE PEDRO WALDEMAR RAMGRAB.......................129

VINTE ANOS SEM ELEIÇÕES PARA PREFEITO.....................131

A ABERTURA POLÍTICA E A VOLTA DAS URNAS 135

ASSIM COMEÇOU A BR-282 NO EXTREMO OESTE.................139

A FUNDAÇÃO DA RÁDIO COLMÉIA.............................143

A VOCAÇÃO PARA A INDUSTRIALIZAÇÃO........................149

DA EDUCAÇÃO BÁSICA À UNIVERSIDADE.......................155

UM CENTRO DE EXCELÊNCIA EM SAÚDE........................159

UM GRANDE CENTRO DE HOTELARIA 163

PRODUÇÃO RURAL DE GRANDE IMPORTÂNCIA.................167

A REPRESENTATIVIDADE POLÍTICA REGIONAL 171

A OITAVA MELHOR CIDADE PEQUENA DO BRASIL 177

REFERÊNCIAS 181

ÍNDICE REMISSIVO DE FIGURAS..............................187

CABEZA DE VACA ESTEVE NO EXTREMO OESTE?

O explorador Don Álvar Nuñes Cabeza de Vaca pode ter sido o primeiro europeu a cruzar a região Extremo Oeste (DEEKE BARRETO, 1961, p. 91). Pelo menos, em seus relatos, ele cita que esteve no rio Peperi, conforme a historiadora Maria Elisabeth Bresolin. Há informações sobre contatos com indígenas na região de Campo Erê, mas não há confirmações históricas de que ele tenha estado no território onde hoje existe São Miguel do Oeste.

Após Cabeza de Vaca, foi a vez dos jesuítas hispânicos, possivelmente, pisarem o solo de onde hoje é o município de São Miguel do Oeste, quando foram expulsos das Missões do Itatim pelos bandeirantes e obrigados a fazer novas reduções guaraníticas em terras gaúchas e na província argentina de Missiones. Para se deslocarem das Missões do Guairá até as novas paragens, eles forçosamente passaram pela região do Extremo Oeste e podem ter passado por São Miguel do Oeste, mas não existem registros conhecidos sobre isso.

Por seu relatório, Cabeza de Vaca, dirigindo-se para Assunção, onde fundaria a cidade, que hoje é capital do Paraguai, desembarcou por volta de 1547, e, a partir do rio Itapocu, na região onde hoje é Jaraguá do Sul, iniciou a lendária travessia. O explorador tomou o milenar caminho indígena de migração, conhecido como Peabiru. Na região, relata ter passado por Campo Erê, onde já encontrou uma nação indígena que "criava patos e galinhas à maneira da Espanha"[1].

O pato (Anas moschata) é fácil de explicar, pois é originário da América do Sul, sendo que, presumivelmente, foi domesticado pelos indígenas, a exemplo da cobaia peruana, uma espécie de roedor. Quanto às galinhas encontradas por Cabeza de Vaca, presume-se que tenham sido introduzidas pelos missionários jesuítas, que, dessa forma, teriam primazia sobre o expedicionário espanhol. Teriam, assim, os jesuítas precedido Cabeza de Vaca e contatado com os indígenas que viviam na região de Campo Erê, antes de 1550?

Ocorre, porém, que hoje existe suspeita de que tenha havido uma raça pré-colombiana de galinhas, domesticada pelos índios araucanos do Chile, ou por outros, o que afastaria a hipótese de terem sido introduzidos pelos

---

[1] CABEZA DE VACA, Álvar Nuñes. **Naufrágios y comentários**. 3. ed. Buenos Aires, 1947. p. 120.

jesuítas espanhóis. O historiador Luiz Galdino[2] escreveu o livro *Peabiru: os Incas no Brasil*, concluindo que esse caminho ligando o Pacífico ao Atlântico era constituído por ramais secundários.

No caso da região, a passagem por esse caminho secundário foi confirmada pelo Barão de Capanema, engenheiro e ministro das Obras Públicas do governo do imperador Dom Pedro II e que esteve na região no final do século 19. A partir de sua viagem, foi instalada a linha de telégrafo que ligava Palmas, Clevelândia, Campo Erê e Dionísio Cerqueira.

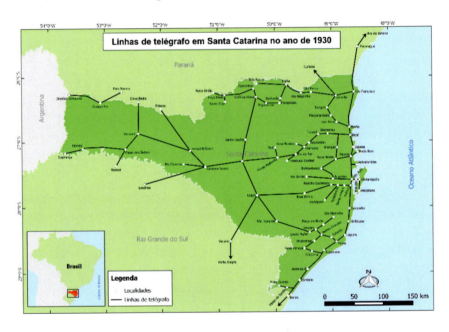

Linha telegráfica só foi implantada depois de 1930

O professor Reinhard Maack (1892-1969) elaborou um mapa em 1952 mostrando o Caminho do Peabiru. O mapa foi confeccionado com base nos manuscritos do explorador alemão Ulrich Schmidl.

O mapa elaborado pelo padre Diego Torres dá o nome de Ibituruna à região Extremo Oeste, revelando conhecimento topográfico. Assim, o atual rio das Antas, que desemboca no rio Uruguai, é retratado como rio Atony[3]. Um testemunho eloquente dessa primitiva ocupação do solo é um trecho

---

[2] GALDINO, Luiz. **Peabiru**: os Incas no Brasil. Ed. Estrada Real, 2002.

[3] BRESOLIN, Maria Elisabeth. **Cadernos de Blumenau**. ed. 7. Disponível na Biblioteca Pública Nacional, 1986. p. 211. Acesso em 26 set. 2023.

da defesa do Paraná, quando da questão de limites com Santa Catarina, valendo-se de informações do Barão do Rio Branco:

> *Um antigo roteiro paulista conservado até hoje e citado por Varnhagen, Visconde do Porto Seguro, fala do morro ou Serra de Bituruna, que vai afocinhar no Uruguai e no campo que ali se estende, Varnhagen diz que esse roteiro é a prova evidente de que os antigos paulistas conhecem a região modernamente chamada Campos de Palmas, mas essa prova não é a única. Ibituruna era, com efeito, o nome dado no século XVII à região entre o Uruguai e o Iguaçu e os Montes de Bituruna do roteiro paulista não podiam ser senão os da divisória das águas que correm para aqueles dois rios.*

Tal assertiva, porém, se contrapõe à própria existência da serra de Bituruna, no lado paranaense, fazendo divisa com o planalto Norte de Santa Catarina, o que pode ser uma confusão, ou imprecisão na defesa do Brasil na questão das Missões.

OS PRIMEIROS DESBRAVADORES EM 1552

É mais possível que os primeiros exploradores da região Extremo Oeste tenham passado por aqui em dezembro de 1552. Ulrich Schmidl, com vinte indígenas guaranis, saiu de Assunção procurando alcançar a costa atlântica, chegando a São Vicente em 1553. Maack[4] pesquisou documentos históricos recuperando parte do traçado do Peabiru.

A ilustração de Schmidl com uma onça (MAACK, 1959)

---

[4] MAACK, R. Sobre o itinerário de Ulrich Schmidl através do sul do Brasil (1552-1553). **Boletim da Faculdade de Filosofia, Ciências e Letras** (UFPR), Geografia Física, v. 1, n. 2, p. 1-64, 1959.

As cidades coloniais espanholas do Guairá, que agora compreende o Paraná, acabaram sendo fundadas junto a ramais desse caminho indígena. No mapa, desenhado à época, Ulrich vem da confluência do rio Paraná, onde hoje é a Província de Missiones, passa pelo Extremo Oeste e vai até a foz do rio da Várzea, junto ao rio Uruguai, na região de Iraí. Desse ponto, ele toma o rumo Norte, em direção a São Vicente, no litoral paulista, atravessando o território dos futuros estados de Santa Catarina e do Paraná[5]. Era o caminho do Peabiru.

No dia 25 de julho de 1552, Ulrich Schmidl, em Assunção, recebeu carta do irmão Thomas Schmidl lhe solicitando voltar à Europa. Schmidl pediu autorização para fazer a viagem de volta, a qual inicialmente foi recusada, mas terminou recebendo autorização e cartas para apresentar quando retornasse.

Começaram os preparativos para a viagem de volta com um grupo de vinte índios que iriam acompanhar carregando a bagagem. Schmidl e seu grupo, no dia 26 de dezembro de 1552, partiram de Assunção.

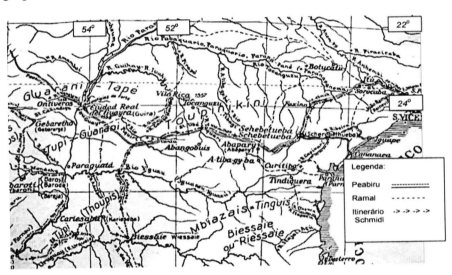

O caminho percorrido por Schmidl, contornando a fronteira (MAACK, 1959)

Depois de percorrer centenas de léguas e povoados, se juntaram ao grupo quatro espanhóis e dois portugueses, todos viajando sem permissão das autoridades. Após conseguir canoas para percorrer 100 léguas pelo rio Paraná,

---
[5] O estudo é da arqueóloga Dra. Claudia Inês Parellada e foi publicado em LINO, J. F.; FUNARI, P. P. A. (org.). **Arqueologia da guerra e do conflito**. Erechim: Editora Habilis, 2013.

chegaram a um povoado em que ficaram quatro dias, onde naquela época chegava ao fim o domínio do rei da Espanha, sendo onde hoje se situa a província de Missiones, na Argentina. Nesse ponto, deixaram as canoas para entrar por terra na Nação Tupi, onde começava a jurisdição do rei de Portugal, numa caminhada que levaria seis meses inteiros através de sertões, morros e vales.[6]

As cobras no rio Uruguai seriam sucuris? (MAACK, 1959)

Essa região, na identificação dada por Ulrich Schmidl, de acordo com o mapa, é o Extremo Oeste de Santa Catarina, descendo pelo rio Peperi, até o rio Uruguai.

Depois de mais oito dias andando pelos bosques, se alimentando de mel e raízes e sem querer se deter para caçar por medo de serem atacados, chegaram à nação Biessaie, nas proximidades de onde hoje é Iraí, junto ao rio Uruguai, e ficaram quatro dias se abastecendo de mantimentos sem se atrever a entrar no povoado. Schmidl conta ter visto grandes cobras, de dez passos de comprimento e quatro palmos de largura. Quando um homem

---

[6] SCHMIDL, Ulrich. **Viage al rio de La Plata y Paraguay**. Buenos Aires: Imprensa del Estado, 1836.

ou animal entrava no rio, a serpente o enrolava com o rabo e o levava para baixo da água para comê-lo.

Pelos relatos e ilustrações, presume-se que seriam sucuris, muitos comuns no Centro-Oeste do Brasil e na Amazônia. Por esse motivo, essas cobras andavam sempre com a cabeça fora da água olhando se havia na água algum homem ou animal. O rio relatado, imagina-se, seria o rio Uruguai.

AS COLÔNIAS MILITARES E OS PRIMEIROS COLONOS

No movimento de expansão do Brasil em direção à fronteira com a Argentina, o Decreto n.º 2.502, de 16 de novembro de 1859, autorizou a criação de duas colônias militares entre os rios Chapecó e Chopim.

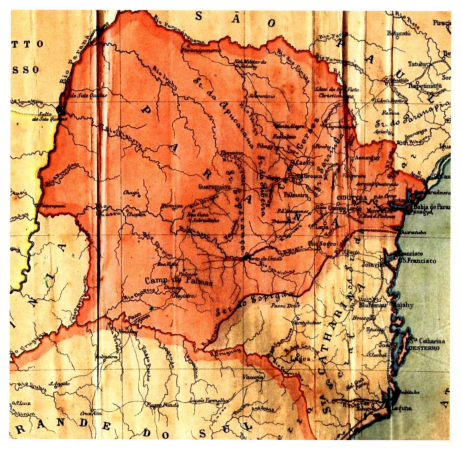

Depois da criação do Paraná, a região pertencia aos Campos de Palmas

Também em 1859 projetou-se a instalação de uma colônia militar no Rio Grande do Sul, junto à divisa com Santa Catarina, como forma de manutenção do primeiro núcleo de colonos que se instalava onde hoje é a região de Tenente Portela e Barra do Guarita. O governo então criou a "Comissão das colônias no Alto Uruguai", que percorreu a região entre abril de 1860 e outubro de 1862 e forneceu um relatório e planos de estradas e colônias e as dificuldades dos primeiros colonos, especialmente pelo enfrentamento com indígenas, também chamados de botocudos.

A região era disputada pela presença de militares paraguaios, argentinos e contrabandistas que perambulavam pelas matas da região, explorando a riqueza da época, representada pela erva-mate nativa, abundante em todo o território do Extremo Oeste. Nesse relatório, o comandante da comissão, José Maria Pereira de Campos, justifica a preocupação militar-estratégica oficial denunciando a presença de supostos militares paraguaios disfarçados de ervateiros na zona fronteiriça:

> *Em 1857, chegou no rincão de Guarita um paraguaio de nome Fernando de Tal com mais cinco homens, inclusive alguns correntinos e portenhos com o fim de fazer erva-mate, os quais trazendo em carretas armamentos, munições, ferramentas, mantimentos... fizeram um rancho solido, com pregos... Estes homens tornaram-se suspeitos... porque tendo eles trazido um material imenso avaliado em mais de cinco contos de reis, nem por isso se empregavam muito ao trabalho, pois que ajuntando trabalhadores a dois e meio patacões por dia, esses poucos trabalhavam, levando muitos dias sem fazerem nada no mato... pareciam sem dúvida serem soldados.[7]*

Os paraguaios foram pressionados pelas autoridades e retiraram-se do local, segundo informa o mesmo relator. O fato demonstra a preocupação com a necessidade de povoar a região de forma efetiva. É possível, porém, que as acusações contra os paraguaios tenham se devido ao desejo de eliminar um concorrente na extração de erva-mate. A colônia militar do Alto Uruguai somente seria instalada em 1879. Trinta anos após, sofria sérias dificuldades para manter-se, devido ao isolamento.

A linha de telégrafo entre Lages e Curitibanos foi estendida em direção ao oeste, em 1889, chegando até Campos Novos. O objetivo era chegar mais próximo da fronteira com a Argentina, devido à disputa de território entre os governos argentino e brasileiro. O telégrafo só chegou em Dionísio Cerqueira em 27 de julho de 1929. No município de São Miguel do Oeste, só após 1960. Devido ao acirramento em torno da disputa territorial com a Argentina, em 14 de março de 1882 foi fundada a Colônia Militar de Cha-

---

[7] Inventários Post-mortem. Cartórios dos municípios de Cruz Alta, Palmeira das Missões e Passo Fundo. 1835/1921. AHRS.

pecó, que, em menos de uma década, já tinha a estrutura mínima de uma pequena cidade (CABRAL, 1994). Era o Estado aproximando-se do Extremo Oeste catarinense. Em um primeiro momento, apenas instalou a colônia, em seguida vieram as demandas econômicas e sociais, que exigiam uma maior presença estatal no território.

"OS ESPANHÓIS NUNCA VIRAM O PEPIRI"

O Extremo Oeste foi o centro da disputa entre Brasil e Argentina na Questão das Missões. Em alguns mapas espanhóis e argentinos, está traçado erradamente ao longo do rio Iguaçu o percurso da célebre expedição espanhola dirigida por Cabeza de Vaca[8], a qual, partindo em fins de 1541 do litoral de Santa Catarina, seguiu por terra até a cidade de Assunção do Paraguai, e chegou ao seu destino no ano seguinte.

Mapa do Território de Missiones (Amable, Rojas e Braunig, 2011, p. 154)

Os espanhóis, porém, nunca pisaram no território contestado e suas vizinhanças senão nas duas ocasiões em que foram acompanhar os portugueses e fazer a demarcação determinada pelos tratados de 1750 e 1777[9]. Na defesa do Brasil, o Barão do Rio Branco afirmou que não há documento

---
[8] INTRODUÇÃO ÀS OBRAS DO BARÃO DO RIO BRANCO. v. 1. Ed. FUNAG, p. 222. Disponível em: www.funag.gov.br.
[9] Espanhóis, no caso, eram os argentinos, também chamados de castelhanos, uma forma de designar pessoas que falavam a língua espanhola.

algum com que se possa demonstrar a presença de outros espanhóis nesse território durante os três séculos que formam o período colonial.

Os jesuítas do Paraguai dirigiam representações ao rei da Espanha, reclamando contra a cessão das Sete Missões ao Oriente do rio Uruguai, e pedindo ao rei que reconsiderasse o seu ato. Esses documentos, como hoje se sabe, foram redigidos pelo padre Pedro Lozano[10].

Nos arquivos, diz ele que corria fama de haver ouro no rio Peperi, notícia dada por algum índio, porque, como escreveu o religioso em 1745, *"os espanhóis nunca viram o Pepiri"*. Logo abaixo do Mbororé, onde ficavam as Missões de São Xavier, foi o ponto de partida dos comissários de 1759 quando subiram o Uruguai para reconhecer o Peperi ou Pequiri, como também é denominado em alguns documentos do Tratado de 1750.

Essa vistoria de demarcação comprovou que o rio Peperi é o rio situado na fronteira entre Brasil e Argentina, como defendia o representante brasileiro. O representante argentino entendia que o rio Peperi seria o rio Chapecó, quase cem quilômetros mais ao Leste. A missão de portugueses e espanhóis, em 1759, percorreu a região desde o Salto Grande, no rio Uruguai, passando por todo o percurso do rio Peperi, até o rio Santo Antônio, no território do Paraná.

---

[10] CARGNEL, Josefina. Pedro Lozano S. J., un historiador oficial. **Projeto História**, São Paulo, n. 35, p. 315-323, dez. 2007.

ENTRE ÍNDIOS FEROZES E ARGENTINOS[11]

Os poucos colonos que viviam na região Oeste e Extremo Oeste, nas últimas décadas do século 19, passavam sobressaltos com os ataques de índios e o isolamento. As estradas eram precárias e o pouco policiamento era feito por intermédio da Colônia Militar de Xanxerê, implantada pelo Governo Imperial para assegurar a ocupação do território, em disputa com a Argentina.

Cacique Maidana com sua família (AMBROSETTI, 1895)

---
[11] CORREIO PAULISTANO. **Ed. 7.713, de 17 de julho de 1882**, p. 2. São Paulo.

O Cacique Maidana era brasileiro, e liderava os caingangues de San Pedro, no lado argentino da fronteira (AMBROSETTI, 1895, p. 310). No final do século 19, o grupo instalou-se na fronteira brasileira, com suas famílias, e viviam dos dois lados, entre brasileiros e os indígenas que o acompanhavam[12].

Filhos do Cacique Maidana (AMBROSETTI, 1895)

---

[12] AMBROSETTI, Juan Baptista. Los indios Kaingángues de San Pedro (Misiones). **Revista do Jardim Zoológico de Buenos Aires**, Buenos Aires, tomo II, p. 305-387, 1895.

A ocupação dos dois lados, tanto por brasileiros, argentinos, ou indígenas que não tinham essa noção de fronteira, era muito acentuada. Em 1895, o Segundo Censo da Argentina apontava que o Território Nacional de Missiones possuía uma população de 33.162 habitantes, entre os quais 11.630 brasileiros e 3.692 paraguaios, 967 europeus, enquanto as outras minorias somavam 247. Ou seja, no lado argentino, a presença brasileira era de um terço da população. Esses dados revelam que a maioria dos migrantes em território de Missiones era de regiões limítrofes, fato que pode ser explicado pela própria posição geográfica daquele território (KRAUTSTOFL, 2013).

Segun MAIDANA, FRACRÃN era brasilero mestizo, de los que allí llaman *cabóclo*, y tenía una vida llena de crímenes, habiendo tomado parte en muchos asaltos y saqueos en pueblos del Brasil; su mujer tambien era brasilera, y muy mala por añadidura, y dice que una de las causas de desavenencia que tuvieron ántes de separarse, fué el haberse negado á secundar una série de proyectos de matanzas y saqueos, que FRACRÃN hacía tiempo acariciaba.

MAIDANA, una vez separado de FRACRÃN, fué á instalarse con los suyos en el valle del arroyo *Paranay*, cerca del Alto Paraná, sin dejar por eso de trasladarse, en las épocas de los piñones, al lugar en que hoy habitan, y que se llama *San Pedro*.

Maidana explica que havia um indígena brasileiro, mestiço, de nome Frakrãn, "dos que no Brasil chamam de caboclo, e tinha uma vida cheia de crimes, havendo tomado parte em muitos assaltos e saques em povoados do Brasil; sua mulher também era brasileira e muito má, e disse que eles se separaram porque ela se recusou a participar de saques e assaltos, que Frakrãn planejava".

No território da colonizadora Barth & Benetti, não foram encontrados cemitérios indígenas, não havendo vestígios de qualquer tribo ou aldeamento. Isso significa que havia apenas a permanência temporária de indígenas na região de São Miguel do Oeste (DE BONA, 2003). Perto das cabeceiras do rio Saudades, afluente ocidental do rio Chapecó, na foz desse rio, encontram-se ainda hoje, em Campo Erê, os chamados muros, que são restos de fortificações antigas.

A Colônia Militar de Xanxerê era comandada por José Bernardino Bormann, que, posteriormente, viria a ocupar o posto de marechal e ministro da Guerra. Bormann era aficionado da cultura, da informação, e chegou a editar um jornal na antiga colônia, que foi o primeiro jornal do Oeste de Santa Catarina. Ele também costumava escrever para jornais do centro do país. Numa dessas cartas, que foi publicada pelo Correio Paulistano, ele relata:

Entrincheiramento próximo a Campo Erê. Fotografia: Jandir Sabedot

> *De uma carta escripta do Xanxerê em 29 de maio, e recebida nesta corte no dia 13 do corrente, extrahimos o seguinte:*
>
> *Os argentinos estão querendo provocar-nos. Agora acaba o governo de publicar os limites da republica, entrando pelos nossos domínios em uma extensão considerabilíssima. Já estão abrindo uma picada para o campo Erê, que fica a 15 léguas mais ou menos daqui. Felizmente estamos bem prevenidos para o caso de uma invasão. Enquanto, porém, não vem os argentinos, estamos com os índios ferozes, que fizeram pouso a três léguas da nossa povoação militar; depois de amanhã vae uma força para afugental-os ou prendel-os, porque, além de tudo, presume-se que vieram destinados a um reconhecimento. São guaranys, e obtivemos um interprete com o fim de tentar que nos obedeçam, e em todo caso saber que é que pretendem.*

A distância de uma légua era equivalente a seis quilômetros. O que se observa é que a força da colônia militar vivia a expectativa de uma invasão dos argentinos e tinham que se preocupar também com os índios, que fustigavam a povoação e apavoravam os colonos.

ARGENTINOS CHEGARAM A CEDER TERRAS

Na segunda metade do século 19, a região Extremo Oeste era disputada pelo Brasil e a Argentina, na célebre Questão das Missões, em que argentinos sustentavam que a fronteira era no rio Chapecó, em Santa Catarina, que eles identificavam como o rio Peperi, e o rio Chopim, no Paraná, que identificavam como o rio Santo Antônio. Em um artigo editorial do jornal *La Nacion*, de Buenos Aires, no dia 16 de outubro de 1882, lê-se:

> *O território nacional de Missões, a contar desde o Pindapoi e Chiviray, que são os limites designados na lei respectiva, tem aproximadamente mil léguas quadradas, até os arroios Pepiri e Santo Antonio, que os brasileiros sustentam ser os verdadeiros; e nesse território o governo de Corrientes tem feito as seguintes concessões, desde 1881 até esta data: Coronel Roca (353 léguas quadradas), Raphael Gulino (50 léguas quadradas), Rosa Caceres de Chaine e outros (25 léguas quadradas), somando essas concessões 632 léguas quadradas. Além destas, há outras concessões anteriores, o que tudo se eleva a 750 léguas quadradas de propriedades particulares em toda aquella região, sendo 20 léguas quadradas concedidas para engenhos de assucar.*[13]

A disputa pelo território seria decidida já no século seguinte, a favor do Brasil, em mediação pelo presidente dos Estados Unidos, Grover Cleveland, e as concessões de terras no Extremo Oeste, por parte do governo argentino, tornaram-se sem efeito.

---

[13] CORREIO PAULISTANO. **Ed. de 28 de novembro de 1882.** Rio de Janeiro, disponível na Biblioteca Pública Nacional.

A EXPEDIÇÃO DE GUSTAVO NIEDERLEIN EM 1884

O naturalista Gustavo Niederlein percorreu a região na segunda metade do século 19, a serviço do governo da Argentina, passando pelo território onde hoje estão os municípios de Paraíso e São Miguel do Oeste. O naturalista e explorador alemão desenvolveu parte de sua carreira na Argentina. No dia 30 de agosto de 1884, ele fez um relatório de uma viagem que fez até a Estrada de Palmas, passando pela localidade de San Pedro, cidade fronteiriça do lado argentino, e ingressando no Extremo Oeste de Santa Catarina.

> *Acha-se em parte terminada a minha viagem por Missões, á fronteira do Brazil. Amanhã, muito cedo, seguirei para Palmas de baixo. Até o Piahy-guassú[14] vim com três companheiros em um pequeno bote, pelo Paraná acima. Em caminho subi pelos seos maiores afluentes que regam o territorio argentino, até encontrar corredeiras, e conclui este aliás util serviço em 13 dias.*

---

[14] Piahy-Guassu era a denominação que os argentinos davam para o rio Peperi-Guaçu.

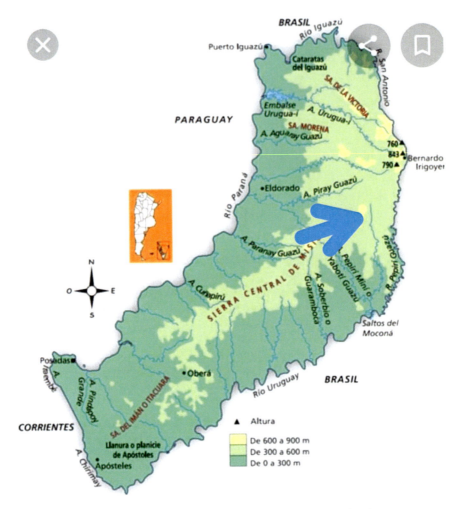

O rio Piahy-guassú, de 1884, é o rio Pepiry-guazú, de Eldorado, Missiones

O relatório do naturalista revela que já havia proprietários de ervais e até empresas atuando na fronteira. O relato também é rico em informações sobre os habitantes e as riquezas naturais da região.

> Da ponte do Monteagudo, collocada pouco próximo do Piahy-
> -guassú, atravessei o sertão a cavalo, acompanhado pelo chefe do
> estabelecimento de hervaes dos srs. Theodoro Gaspar Goecoechea,
> e em dez dias chegamos á campina de S. Pedro, onde acha-se
> o centro das colheitas pertencentes à dita firma. É um logarejo
> fundado em 1876, cujos habitantes em parte índios attingem ao

> *numero de 250, dos quaes 90 trabalharam na safra da herva. Alli inspeccionei grande parte dos extensos hervaes, situados no sertão dominado pelas araucárias.*

De San Pedro, o naturalista Gustavo Niederlein seguiu para o rio Peperi e atravessou a região até a povoação de Campo Erê. O relatório continua mostrando que a região era rica em madeira.

> *Em seguida passei em companhia do sr. Apparicio, commissario rural, de novo, a cordilheira, por entre pinheiraes notavelmente espessos e povoados por espécies altas e vigorosas, cruzando a campina do Americo, pequenas ilhas de campo e hervaes, até o Campo Erê.*

O relatório traz informações sobre a Campina do Américo, no trecho entre San Pedro e Campo Erê. A Campina do Américo é identificada como a região entre São Miguel do Oeste e Dionísio Cerqueira. Ele descreve o relevo da região.

> *Este territorio é composto de pequenas campinas, abrangendo, aproximadamente, a extensão de 12 leguas quadradas e cercado por pinheiraes.*

O naturalista relata pormenorizadamente a quantidade de habitantes da região Extremo Oeste, até o território que hoje sedia o município de Campo Erê.

> *Começou a povoar-se no anno de 1814, três annos depois de Palmas, e conta actualmente 207 habitantes. O numero total de gado é aproximadamente de 250 cabeças, em sua maior parte gado vacum e alguns muares e cavalos; além desse há gado suíno em abundancia. Segundo um mappa topographico, que me serve de guia, considero campo Erê como fazendo parte do território argentino.*

A BANDEIRA ARGENTINA E SÓ UM BRASILEIRO

Gustavo Niederlein chegou ao povoado de Campo Erê e encontrou, segundo seu relatório, 207 moradores, dos quais apenas um era brasileiro. Esse brasileiro era a única autoridade. Niederlein informa que, como representante do governo argentino, ordenou a retirada da bandeira do Brasil, e a substituição pela bandeira da Argentina, no que foi prontamente atendido.

> *Encontrando alli um empregado brasileiro (a única autoridade) como juiz, tomei em nome da Republica Argentina posse de Campo Eré, convidando o empregado para prestar obdiencia á Republica, desterrando para sempre, depois de ser nomeado alcaide argentino, a bandeira brasileira, hasteando a da Republica, com o que o mesmo empregado contentou-se sem fazer dificuldades.*

O representante argentino relatou que também tomou posse do território de Palmas até Chapecó, o que é pouco provável, pois nessa época já havia a Colônia Militar de Xanxerê, que dava segurança a toda a região, inclusive em relação às possibilidades de invasão castelhana. De qualquer forma, o relatório de Gustavo Niederlein, embora questionável, era bem específico:

> *Na qualidade de inspector das florestas nacionais e como único empregado que exerce jurisdição sobre estes territórios, julgo de meu dever fazer valer o direito de posse argentino sobre Palmas de baixo e Palmas de cima até o Chapecó (Santo Antonio) e Chapecó (Piperi-guassú), o que agora tenciono fazer.*

O naturalista sugere ações do governo argentino para garantir a posse sobre o território do Extremo Oeste até o rio Chapecó. Entre as ações sugeridas, estavam a criação de uma freguesia, a abertura de estradas e a nomeação de um professor.

> *Em primeiro logar deve o governo argentino mandar abrir um caminho de Palmas, por Campo Erê, até o Rio Paraná, cuja despeza orço em 300 pesos, para depois, fazendo valer o direito de posse, instruir as auctoridades legaes, creando uma freguezia terá aula publica para a qual se nomeará um professor. Ao mesmo tempo seria conveniente que o governo fundasse, a exemplo do Brazil, colonias militares na fronteira.*

As recomendações do explorador seguem estratégias que também eram pensadas pelo governo brasileiro, algumas até ousadas, como a implantação de uma ferrovia. A proposta de Niederlein, todavia, era ligar a região através de Campo Erê até o povoado de San Pedro, futuro município de San Pedro, na Província de Missiones.

> *Parece-me de muito alcance a construcção de uma via-ferrea de San Pedro ao Campo Erê e Paraná, que será realisavel por meio de concessões vantajosas (unidas a condições de colonização), com o fim de explorar o innumeros pinheiraes, cujo valor nesta zona póde orçar-se em 500 milhões de pesos, estimação baixa; assim como os grandes hervaes que darão centos de milhares de arrobas, não fallando em outras madeiras de preço, [...], productos para tincturarias, têxtis, assim como para facilitar a colonisação das terras nacionaes em geral férteis.*

Em seu relato, ele informa o roteiro que pretendia fazer para o retorno, pelo rio Uruguai, até o Salto Grande e Porto de San Xavier. Ao final, apesar das medidas e sugestões de ações, Niederlein reconhece que o Extremo Oeste continua sendo um território em disputa pelos dois países.

> *De Palmas tenciono voltar a S. Pedro, d'onde seguirei para o rio Uruguay, afim de inspeccionar os matos e hervaes ao longo do caminho e do Pagy. Deste ponto subirei pelo Uruguay, embarcado até á foz do rio Chapecó, acima do Salto Grande, d'onde farei volta, descendo pelo rio até S. Xavier, com vistas a atravessar os hervaes de serra acima, Yerbal nuevo e Yerbal viejo, até Corpus.*
>
> *Voltando aos negócios da fronteira, accrescentarei que solicitei do governo se necessárias ordens afim de estudar o terreno nacional duvidoso, para o que estou me preparando.*

NATURALISTA É DESMENTIDO

O relatório do naturalista e explorador, em 1884, informou o governo da Argentina que a única autoridade que encontrou em Campo Erê, durante a sua viagem exploratória pelo Extremo Oeste, tinha retirado a bandeira do Brasil e substituído pelo pavilhão nacional argentino, além de ter sido nomeado alcaide do povoado, uma função semelhante à de prefeito. A notícia, exposta no relatório, chegou à presidência da Província do Paraná, em Curitiba, que exigiu informações acerca do fato, que foram prestadas através de ofícios[15]. O juiz municipal do termo de Palmas, major Arlindo Silveira Miró, respondeu ao questionamento do presidente da província sobre o ocorrido (WEIGERT, 2016).

> *Quando recebi esse officio de V. Ex. aqui esteve o fazendeiro d'aquelle lugar, Antonio Antunes de Lara, um dos mais intelligentes moradores de Campo Erê, e informou-me que era falso o facto, que lá nunca se fallou em tal, como também não existem bandeiras no lugar. Entretanto dei providencias para ter informações pessoaes do inspector do quarteirão d'alli, autoridade que póde desmentir o facto. Pela minha parte afianço a V. Ex. que os dados e informações que obteve o naturalista Gustavo Niederlein n'este municipio são sem base e certeza pela incompetencia das pessoas que o informaram.*

O juiz municipal do termo de Palmas escreveu que acreditava que o naturalista tinha sido enganado pela gaiatice de moradores de Campo Erê. *"Alguns estou informado terem-na dado por divertimento e sei que esse indivíduo não foi às cabeceiras dos rios Chapecó e Chopim, cujas águas não viu correr, concluindo-se, como acima disse a V. Ex., que a notícia d'este municipio dada por esse individuo é falsa. É o que posso presentemente informar a V. Ex., aguardando a informação do inspector de quarteirão de Campo Erê".*

A correspondência oficial foi encaminhada no dia 1º de dezembro, ao presidente da Província do Paraná, Dr. Brazilio Augusto Machado de Oliveira. Dias depois, o inspetor de quarteirão de Campo Erê também desmentiu o relatório do naturalista:

> *Informo a V. S., com a maior segurança que é falsa a notícia dada por Gustavo Niederlein de ter a unica autoridade brazileira que havia em Campo Erê trocado a bandeira brazileira pela argentina. A*

---

[15] O DESPERTADOR. **Ed. 2.267, de 17 de janeiro de 1885**, p. 2. Florianópolis.

autoridade única que ali ha sou eu, inspetor de quarteirão, nomeado legalmente, e tal não fiz, nem podia fazer. Outros particulares talvez n'isso conversassem por mero divertimento, garantindo a V.S. que bandeiras de nação alguma existem no Campo Erê, e que ali exerço, como outros, e ha muitos annos,.autoridade sem contestação alguma. As informações que no Campo Erê obteve o referido Gustavo foram dadas por particulares, sem fundamento nem exactidão. Isso é o que in formo com verdade sob o juramento do meu cargo.

O ofício foi endereçado no dia 3 de dezembro de 1884 ao major Arlindo Silveira Moró, juiz municipal do termo de Palmas, pelo inspector de quarteirão de Campo Erê, José Tiburcio de Siqueira.

MORTE NA DEMARCAÇÃO DO PEPERI

Uma comissão formada por brasileiros e argentinos percorreu, com quatro canoas, o trecho entre as nascentes e a foz do rio Peperi, em 1902, quando se definia a questão de limites entre os dois países.

O jornal O Comércio, de São Paulo, dirigido pelo jurista Afonso Arinos, um dos expoentes do jornalismo e do direito brasileiro, noticiou na primeira página da edição de 28 de outubro de 1902[16] o acidente fatal envolvendo a expedição. A notícia tem como fonte Pedro Ezcurra, chefe da comissão argentina demarcadora dos limites, comunicando que foram inaugurados os marcos principais, na foz do rio Peperi, um deles, no lado brasileiro, no Rio Uruguai e à esquerda daquele, no lado argentino. A notícia acrescentava que no descer do salto de Moconá (Yucumã) com a comissão brasileira, duas canoas argentinas foram as primeiras a descer pelas corredeiras da parte baixa do salto.

Aí se dispôs que estivessem preparadas as canoas para conduzi-los a 500 metros do salto. Uma, tripulada por marinheiros, foi arrebatada pela violenta correnteza, conseguindo passar uma restinga perigosa e tomar as costas, sem outro acidente maior do que ter recebido um pouco d'água. Achando-se nessa situação, começou a passagem das canoas da comissão brasileira. A primeira, em que ia o general Dionísio Cerqueira, passou a restinga sem novidade, mas a segunda, tripulada por cinco homens, ao chegar a esse ponto, foi a pique. Uma canoa comandada pelo tenente Frederico Guerrica, da marinha argentina, socorreu os náufragos, conseguindo salvar quatro deles. A comissão brasileira perdeu, além de um tripulante, instrumentos e objetos de valor.

Bem antes disso, um general brasileiro, liderando uma expedição imperial, percorreu a região, quando ainda havia a disputa pela Questão das Missões, com o governo da Argentina. No início de dezembro de 1887, o general José Jardim, à frente da equipe, deixou o porto do Piraí, na foz do rio Iguaçu, e no dia 14 iniciou a viagem por terra. O trecho foi feito vagarosamente, devido aos problemas de saúde de parte do pessoal atacado por nevralgias de origem palustre (CORREIO PAULISTANO, 1887). O general passou a povoação de San Pedro, do lado argentino, e seguiu até o lado brasileiro entre 21 e 27 de dezembro. No dia 31, a comissão brasileira passou pelo rio Peperi.

---

[16] O COMÉRCIO DE SÃO PAULO. **Ed. 3.101, de 28 de outubro de 1902**, p. 1. São Paulo.

DOIS PAÍSES, TRÊS ESTADOS E UM TERRITÓRIO

O Extremo Oeste passou por uma situação inusitada entre a metade do século 19 e a metade do século 20. A área que compreende o município de São Miguel do Oeste e a fronteira com a Argentina em apenas um século passou por disputas e controles de poderes em conflito, o que transformou a região numa terra de ninguém.

Mapa da área afetada pela Guerra do Contestado (LUCINHAHB, 2011)[17]

---

[17] Mapa publicado no Blog LucinhaHB Disponível em: https://lucinhahb.blogspot.com/2011/11/guerra-do-contestado.html.

Esse fato atrasou significativamente o desenvolvimento e a ocupação do território. Desde o período colonial, a região fazia parte da Província de São Paulo. Mesmo após a Independência do Brasil, durante as primeiras décadas do Império, a fronteira com a Argentina continuou sendo território paulista, sem maiores discussões, já que o território catarinense se alargava apenas até o planalto.

Em 29 de maio de 1843, começou a ser discutida a criação da comarca de Curitiba e a elevação à categoria de província. Até então, a região era considerada sertão, coberta de florestas e explorada até mesmo pelos países vizinhos, principalmente para extração de madeira e erva-mate, que eram abundantes e sem qualquer controle.

Governador Felipe Schmidt. Fonte: Casa Civil do Governo de SC

Em 28 de agosto de 1853, foi aprovado o projeto de criação da Província do Paraná, que teria como capital o município de Curitiba. O Extremo Oeste deixou de pertencer a São Paulo e inicia-se uma grande controvérsia: o território passaria a ser paranaense ou catarinense?

Com base numa carta régia de 1749, Santa Catarina considerava seu o "sertão" que correspondia à costa, enquanto o Paraná se apoiava no princípio do *uti possidetis*. A disputa entre as duas unidades estava longe de ser resolvida e criava situações complexas, pois desde a criação do Estatuto da Terra pelo governo imperial, em 1850, a venda de terras devolutas era uma importante fonte de renda para os estados, ainda chamados de províncias, além da cobrança de impostos.

Sem a definição de competência sobre a região, no final do século 19 e início do século seguinte, a disputa tornou-se mais acirrada no que se convencionou chamar de Contestado. A construção da Estrada de Ferro São Paulo-Rio Grande provocou o surgimento de ocupação populacional e a cobrança de impostos pelos dois estados simultaneamente, o que levou a questão aos tribunais.

Combatentes da Guerra do Contestado (ESTUDO PRÁTICO, 2023)

A falta de uma solução definitiva entre Santa Catarina e Paraná coincidiu com o modelo de concessão da ferrovia. O Governo Central concedeu como forma de pagamento pela construção da via férrea uma faixa de terras de 15 quilômetros de cada lado da obra numa região que era originariamente ocupada por posseiros e caboclos que exploravam a agricultura e o extrativismo de sobrevivência, sem qualquer titulação de terras (REPÚBLICA, 1993, p. 1).

A área poderia ser explorada livremente pela concessionária americana *Brazil Development and Company*, tanto para exploração da madeira quanto para projetos de colonização.

Esse foi o estopim para a chamada Guerra do Contestado, pela expulsão de posseiros e a implantação de madeireiras em todo o vale do rio do Peixe. Com a república, ambos os estados exerceriam sua competência de distribuir terras num mesmo território (NOVA ENCICLOPÉDIA BARSA, 1998, p. 139).

A Guerra do Contestado afetou a fronteira de maneira indireta, já que não ocorreram combates entre caboclos e soldados do Exército e da Polícia Militar nessa área, mas a indefinição e a iminência de enfrentamentos inviabilizou a implantação de projetos de ocupação ou de colonização.

Santa Catarina ganhou a causa no Supremo Tribunal Federal, mas o Paraná embargou as decisões, arrastando a disputa até 1916, quando, por decisão arbitral do presidente da república, fez-se a partilha da região em litígio, com o que ficou encerrada a questão. O Extremo Oeste passou a pertencer a Santa Catarina.

DIFICULDADES PARA COLONIZAÇÃO DA FRONTEIRA

Após a solução da questão de limites com o estado do Paraná, o governo de Santa Catarina passou a avaliar ações e medidas necessárias para a colonização do território do Extremo Oeste. O governador Hercílio Pedro da Luz, em mensagem encaminhada à Assembleia Legislativa, estabelecia como primeira meta a abertura de uma estrada, ligando a capital, ao planalto e o Oeste e Extremo Oeste, o que viria, no futuro, a ser a BR-282. Como se vê, pela manifestação do governador, já se projetavam, a essa época, as rodovias que seriam concretizadas a partir da BR-470, por Curitibanos, e da BR-282, por São José do Cerrito, que só seria concluída quase um século depois, ligando Florianópolis à fronteira com a Argentina.

Governador Hercílio Luz

Hercílio Luz também avaliou as dificuldades para a ocupação territorial, já que o estado acabara de passar pela Guerra do Contestado, que não apenas dizimou milhares de vidas como esvaziou o campo e ainda desestimulou a chegada de imigrantes nas regiões coloniais.

> *A luta dos fanaticos desorganisou o trabalho não só na região serrana, como também paralysou o serviço de colonisação que a São Paulo-Rio Grande tão auspiciosamente iniciara em Rio das Antas e outros pontos.*

Mesmo com esse quadro desolador, Hercílio Luz esmerava-se em demonstrar otimismo, afirmando que os catarinenses não deveriam recear pelo futuro econômico do estado. Os estudos, a essa época, estavam concluídos para a implantação da estrada:

> *Além das estradas aquém da serra, estão concluídos os estudos da estrada de Lages a Curitybanos, cuja construcção já está iniciada e prosseguem os estudos para a estrada que deve ligar Lages ao extremo da fronteira argentina, passando por Cerrito, Campos Novos, Herval e Xanxerê. A primeira dessas estradas parte de Lages por Curitybanos, destinando-se a uma das estações da S. Paulo – Rio Grande.*[18]

Mondaí, em 1925. Fonte: Mondaí, História completa[19] (BORNHOLD, 2023)

---

[18] Mensagem encaminhada pelo governador para a Assembleia Legislativa, em 14 de agosto de 1917.

[19] Valdemar Arnaldo Bornholdt publicou uma série de fotografias da colonização de Mondaí, no site da prefeitura, em https://mondai.sc.gov.br/pagina-2045/. Acesso em: 17 jul. 2023.

A frente de expansão agrícola, a partir de 1916, foi decisivamente possibilitada pelo fim do conflito (DIEL; TEDESCO, 2016). Com isso Santa Catarina criou quatro novos municípios: Mafra, Porto União, Joaçaba (Cruzeiro) e Chapecó, por meio da Lei 1.147, em 25 de agosto de 1917. Empresários obtêm do governo do estado concessões para colonização de imensas áreas de terras e adquirem títulos e direitos de antigos detentores de propriedades concedidas pelo Império e de fazendeiros. Assim, inicia a ocupação do Oeste Catarinense.

No século anterior, não apenas em Santa Catarina, a colonização era feita por iniciativa governamental, com incentivos para a atração de europeus. Hercílio Luz se mostra reticente em relação a esse modelo de ocupação do solo e acredita que o novo modelo em implantação, a partir de empresas colonizadoras, poderia funcionar em Santa Catarina, avaliação que demonstrou estar correta e que prosperou nas décadas seguintes:

> Actualmente o serviço de colonisação quasi que se limita somente á venda de lotes a indivíduos nacionaes, ou a estrangeiros já domiciliados no Estado, porque a conflagração européa estancou, por completo, todas as correntes immigratorias. Ainda assim o serviço de colonisação feito com elementos nacionaes ou já aqui domiciliados, se por um lado desloca parte duma população para um ponto em prejuízo de outro, vae concorrendo para o augmento de nossa produção agricola e para que sejam desbravadas e conhecidas regiões até então deshabitadas e incultas e que começam agora a ser povoadas.[20]

Em 1924, se tem as primeiras informações sobre a abertura de projetos de colonização da fronteira[21]. Depois de projetos já bastante adiantados no vale do rio do Peixe e na região da Guerra do Contestado, a incorporação territorial chegou a Chapecó e arredores. O jornal Republica, de Florianópolis, nesse ano de 1924, noticia as primeiras informações sobre a colonização na região de São Miguel do Oeste:

> Ainda ha pouco, a Sociedade Colonisadora do Carásinho, do Rio Grande do Sul, estabeleceu uma colonia na zona do Baixo Uruguay, entre o Rio Pepery e o Rio das Antas, o que marca a primeira etapa da civilização do nosso mais remoto oeste, nos limites com a Argentina.

---

[20] O DIA. **Ed. de setembro de 1918**. Florianópolis.

[21] REPÚBLICA. **Ed. de 22 de julho de 1924**, p. 6. Florianópolis.

Em contrato firmado em 16 de abril de 1924 (DE BONA, 2004)[22], o estado havia feito a concessão para a *Brazil Development and Company* de 273.703 hectares e mais 5.472 metros quadrados de área referente ao território conhecido como "Peperi-Guaçu, por título definitivo assinado pelo governador Hercílio Pedro da Luz e o Secretário da Fazenda, Viação, Obras Públicas e Agricultura, José Martins Collaço, devidamente registrado sob o nº 432, no Registro de Imóveis da Comarca de Chapecó".

A firma americana não efetuou a colonização das terras concedidas e repassou o povoamento a diversas empresas, entre as quais a Empresa Peperi--Chapecó, para a gleba Peperi-guaçu, que abrangia todo o Oeste Catarinense. Pelos Decretos-Lei n.º 2.073, de 8 de março de 1940, e n.º 2.436, de 22 de julho de 1940, o presidente Getúlio Vargas encampou as terras do Extremo Oeste que se encontravam dentro da faixa de fronteira de 150 quilômetros da divisa com a Argentina.

No ano de 1917, às vésperas da passagem da administração para o estado de Santa Catarina, ocorreu a titulação de 39 áreas de terras com mais de 1.000 hectares no território que constituiria o oeste e extremo oeste catarinense. Dessas propriedades, 21 figuravam na faixa de 1.000 a 9.999 hectares e 18 contavam com mais de 10.000 hectares, conforme os Registros de Títulos de Terras do Arquivo Público do Paraná. Eram glebas florestais, preteridas anteriormente, por ocasião do ciclo da pecuária. O ano de 1917 apresenta 95 titulações de terra, o maior número no período (RENK, 2006).

---

[22] DE BONA, Avelino. **A Evolução Histórica de São Miguel do Oeste**. 2004.

SEM ESTRADAS, MAS COM IMPOSTOS

Uma das grandes preocupações do governo de Santa Catarina sempre foi a arrecadação de impostos. Para tanto, antes mesmo da existência de estradas, era prioridade a existência de agências fiscais. Nas primeiras décadas do século 20, entre o Oeste e Extremo Oeste de Santa Catarina, a via de comunicação era uma estrada de rodagem que partia de Cruzeiro do Sul (atual Joaçaba), atravessando Faxinal dos Guedes, Xanxerê, Xaxim, Chapecó, Guatambu, Caxambu, para continuar em leito mais ou menos transitável até São Carlos e dali até Passarinhos (hoje, Palmitos), Mondaí e Itapiranga (DIEL; TEDESCO, 2016). Todas as outras estradas eram picadas de mato e carreiros que só podiam ser percorridas em lombo de animal.

—Foi nomeado o sr. José Alvares, para exercer o cargo de encarregado do Posto Fiscal de Empreza, subordinado á Agencia Fiscal de Villa Oeste, no municipio de Chapecó.

Recorte do jornal República, *de 12 de março de 1924*

Em 1924, muito antes do início da colonização por intermédio de empresas oriundas do Rio Grande do Sul, o que só ocorreria a partir de 1940, a região já reunia moradores, isolados, sem comunicação e com picadas abertas no sertão que cobria a fronteira, mas o governo efetuava a cobrança regular de impostos.

Tanto é que, em 12 de março de 1924[23], foi publicada a nomeação de José Alvares, para exercer o cargo de encarregado do Posto Fiscal de Empresa, subordinado à Agência Fiscal de Vila Oeste, pertencente ao município de Chapecó. Vila Oeste viria a ser, em 1954, elevada à condição de município, com o nome de São Miguel do Oeste, reunindo o nome da vila e o nome do padroeiro, São Miguel Arcanjo.

---

[23] REPÚBLICA. **Ed. de 12 de março de 1924**, p. 1. Florianópolis, disponível na Biblioteca Nacional.

Em 8 de abril de 1924, o governo do estado decide criar um distrito policial, onde hoje é o município de São Miguel do Oeste[24].

> *Novo districto policial. – No município de Chapecó, na zona compreendida entre os rios das Antas – Pepery Guassu, foi creado um novo districto policial. (FEDERAÇÃO, 1924).*

O governador Hercílio Pedro da Luz publicou a assinatura, em vista da proposta feita pela chefatura de Polícia do Estado, de um decreto criando um distrito policial na zona entre os rios das Antas e Pepery, compreendendo a área de concessão da *Brazil Devellopment*.

Na edição de 3 de janeiro de 1929, o jornal *República* publicava edital do Tesouro do Estado, informando que fora efetuada uma tomada de contas durante o período de 12 de setembro de 1927 a 31 de dezembro de 1928. Foram examinadas pelas comissões designadas por portarias do diretor do Tesouro do Estado e pela 3ª secção da subdiretoria de Contabilidade as contas das estações físicas das mesas de rendas, coletorias e agências fiscais. No caso da Agência Fiscal de Vila Oeste, a tomada de contas envolveu os exercícios de 1925 e 1926.

Em 5 de junho de 1929, depois de percorrer a região e verificar que as populações que moravam além do rio das Antas, pela dificuldade de comunicação, ficavam impossibilitadas de pagar regularmente os seus impostos, o governador Adolfo Konder resolveu criar uma agência fiscal em Mondaí, compreendendo o rio das Antas e o Peperi, e limitando-se ao norte com Dionísio Cerqueira[25]. Para exercer o cargo de responsável pela agência fiscal de Mondaí, foi escolhido e nomeado Adholfo Marquardt.

Embora a Vila de Porto Feliz, hoje Mondaí, tenha sido criada muito antes da Vila Oeste, a Agência Fiscal de Vila Oeste era mais importante, pela proximidade da fronteira com a Argentina. Isso se observa em 26 de julho de 1929, quando foi publicada a portaria número 107, em que o Tesouro do Estado tornou sem efeito outra portaria, de número 60, datada de 4 de maio de 1929, na parte que nomeou João Sabino da Silva para o cargo de guarda diarista do posto fiscal de Porto Feliz de Mondaí, subordinado à Agência Fiscal de Vila Oeste.

Em 9 de setembro de 1924, o Tesouro do Estado publicou o desmembramento da jurisdição fiscal da Coletoria de Passo Bormann, do posto fiscal

---

24 REPÚBLICA. **Ed. de 8 de abril de 1924**, p. 1. Florianópolis, disponível na Biblioteca Nacional.

25 REPÚBLICA. **Ed. de 5 de junho de 1929**, p. 2. Florianópolis, disponível na Biblioteca Nacional.

de Pepery, que passou a funcionar em Mondaí e passou a ser subordinado à Agência de Vila Oeste, no atual município de São Miguel do Oeste. A arrecadação de Vila Oeste sempre foi expressiva, maior até do que cidades que hoje são bem maiores do que São Miguel do Oeste, mesmo antes da chegada dos pioneiros colonizadores:

1925:	58:946$220
1926:	35:912$000
1927:	138:715$450
1928:	147:405$280
1929:	197:716$000

A coletoria era um órgão de abrangência regional, que em Chapecó, nessa época, funcionava no atual distrito de Marechal Bormann; as agências eram estruturas intermediárias, e os postos fiscais, estruturas menores e isoladas.

LITÍGIO ATRASOU OCUPAÇÃO DA FRONTEIRA

Até a década de 1920, muitos fatos marcaram a ocupação do Extremo Oeste, logo após a resolução da Questão de Limites com a Argentina e a disputa de divisas entre Santa Catarina e o Paraná. Houve o início e o fim da Guerra do Contestado, no Meio Oeste, a criação do município de Chapecó abrangendo toda a região de fronteira, e uma disputa judicial que se arrastou por anos, entre a empresa americana *Brazil Railway Development & Colonization* e as colonizadoras que reclamavam terras devolutas cedidas pelo governo do estado de Santa Catarina para a venda aos primeiros colonos emigrados principalmente da Serra Gaúcha.

A história de Santa Catarina é fortemente marcada pela construção da estrada de ferro ligando São Paulo ao Rio Grande do Sul. A empresa *Brazil Railway Company* ganhou a concessão, presidida pelo americano Percival Farquhar. A empresa recebeu 15 quilômetros de terra em cada lado da ferrovia, tendo direito de extração de toda a madeira e a colonização dos lotes.

Em 1917, a *Brazil Railway Company* entra em concordata. Em 1922, Santa Catarina decide retomar as terras e repassá-las para colonizadoras. No mesmo ano, a Empresa Chapecó Peperi Ltda, sediada em Carazinho, inicia a colonização do território compreendido entre o rio das Antas e o Peperi-Guaçu.

Os jornais serranos, como o *Staffeta Rio-Grandense*, editado em italiano em Caxias do Sul, e depois o *Correio Riograndense*, em português quando a imprensa foi proibida de editar periódicos em língua estrangeira, bombardeavam os moradores de Caxias do Sul, Bento Gonçalves e arredores com notícias de parte a parte do processo, fazendo alertas sobre o risco de adquirir terras na região da fronteira e perder o dinheiro.

COLONI !

Non vi fate illudere! se coi vostri sudati rispar-mi sieti iu grado — e avete la volontá di comprare dei lotti di terre in. **Pepery, Chapecó, Rancho Grande e Rio do Engano** (Stato di S. Catharina) rivolgetevi uni-camente a quelle persone che dalla *Compagnia di strade ferrate S. Paulo-Rio Grande*, sono state o saranno all'uo-po indicate.   (16-10.)

As publicações em italiano eram especialmente devastadoras porque em muitas comunidades de imigrantes era a língua dominante utilizada pelos colonos.[26] A demanda arrastou-se nos tribunais, atrasando a ocupação da área do município de São Miguel do Oeste, enquanto outras regiões do Oeste, como Chapecó e Concórdia, viviam uma fase de grande atração de imigrantes e franco desenvolvimento.

Os americanos, representados no Brasil pela Estrada de Ferro São Paulo-Rio Grande, reclamavam a área, que fora cedida pelo governo brasileiro pelo pagamento da construção da ferrovia (Decreto Imperial 10.432, de 9 de novembro de 1889, ratificado pelo Decreto 365, de 7 de novembro de 1890), enquanto as colonizadoras queriam que as terras adquiridas do governo do estado de Santa Catarina fossem liberadas para a venda aos colonos.

A questão só foi resolvida em 1927, quando as colonizadoras, por fim, indenizaram a companhia americana e seus sucessores, o que permitiu que se iniciasse o processo de colonização das regiões abrangidas pelos rios das Antas, Peperi, Uruguai e a divisa com o Paraná.

Conforme Bazzotti e Bavaresco, "o povoamento de São Miguel do Oeste ocorre com a iniciativa do Governo do Estado de Santa Catarina que objetivava a ocupação definitiva do território promovendo um plano de colonização do Oeste Catarinense, projetado em 1912. O governo concedeu às empresas colonizadoras as áreas a serem destinadas aos colonos. Essas

---

[26] "Colono: Não se deixe enganar! Se com suas economias suadas você tem condições e vontade de comprar terrenos em Santa Catarina, entre em contato apenas com as pessoas que foram ou serão indicadas para esse fim pela Companhia de Estrada de Ferro São Paulo - Rio Grande", tradução literal do autor. Ao contrário do que afirma o anúncio, não foi essa a companhia que colonizou a região.

empresas tinham dois objetivos principais, explorar a madeira e comercializar os lotes de terra".

O jornal *República* relata que na época estabeleceu-se o preço de mil réis por hectare vendido pelo governo do estado para as colonizadoras, que seriam responsáveis pela implantação das estradas, construção de pontes, demarcação, divisão dos lotes e venda para os agricultores. A concessão incluía a construção das rodovias projetadas com a ligação da fronteira ao restante do estado, que viria a ser a BR-282, e mesmo a ligação Norte-Sul na fronteira, ligando as regiões de Mondaí e Itapiranga a Dionísio Cerqueira e Barracão.

Conforme Petroli[27], até 1916, não havia interesse, nem de Santa Catarina e nem do Paraná, em investir na região, pela pendência de limites entre os dois estados. O Acordo de Limites de 1916 resolveu o problema e abriu caminho para a ocupação territorial por Santa Catarina.

---

[27] PETROLI, Francimar Ilha da Silva. **Região, civilização e progresso**: Oeste Catarinense, 1916-1945. Petroli é professor da Faculdade Anglo-Americana de Chapecó/SC e da Celer Faculdades de Xaxim/SC. Mestre em História pela Universidade Federal de Santa Catarina (UFSC).

A PASSAGEM DA COLUNA PRESTES PELA REGIÃO

A região onde se situa o município de São Miguel do Oeste serviu de passagem para a Coluna Prestes, no início de 1925. Os registros são escassos e a informação geograficamente mais próxima foi a parada da coluna em Descanso, para uma recomposição dos revoltosos, o que acabou virando a denominação do lugar, hoje município situado a dez quilômetros da cidade de São Miguel do Oeste.

Prestes e parte de seus comandados (MOREL, 1987)

A Coluna Prestes passou por São Miguel do Oeste e, segundo João Alberto Lins e Barros (BARROS, 1954), "[...] *a estrada tornava-se cada vez pior. Era apenas caminho de cargueiros pouco transitados, no meio da floresta virgem*". Pelas informações estima-se que a Coluna Prestes esteve em São Miguel do Oeste entre 2 e 7 de fevereiro de 1925. A Coluna passou com dois mil homens e farto armamento. Conforme manuscritos deixados pelo ex-vereador e pesquisador Any Chittó, a trilha de mata foi alargada para permitir a travessia da tropa, com pesadas metralhadoras, carretas com munição e em torno de mil cavalos.

A Coluna Prestes seguiu por uma picada ao longo do rio das Antas passando por Laju, Preferido, Vorá, Linha Campinas, Descanso, Gramadinho, Guamirim, pela atual cidade de São Miguel do Oeste, Canela Gaúcha, em direção a Derrubada e Separação, já em Dionísio Cerqueira.

Nos relatos de Othon Gama D'Eça (D'EÇA, 1929), que registrou a passagem do governador Adolpho Konder pela fronteira, em abril e maio de 1929, há informações sobre túmulos e assassinatos de moradores. São cruzes deixadas ao longo do caminho, mostrando um aspecto sombrio e nada heroico da jornada de Luiz Carlos Prestes e da sua coluna guerrilheira.

Luiz Carlos Prestes. Fonte: Município de Campo Erê

D'Eça descreve que o rio das Antas, que banha São Miguel do Oeste e a região, é um dos maiores afluentes do rio Uruguai em terras de Santa Catarina. Ele classifica como "circunstância sinistra" o fato de ter sido uma "sementeira de morte e desolação". Conforme o relato, *"Contaminaram as suas águas os cadáveres de cerca de duzentos cavalos sacrificados pela coluna Prestes"*.

Perseguido pelo coronel Claudino Nunes Pereira, da Brigada Militar do Rio Grande do Sul, o general Luiz Carlos Prestes mandou matar todos os animais cansados, "para que não os aproveitassem os gaúchos que o monteavam. E por espaço de seis meses, batida pela febre tifoide e pelo paratifo, toda a gente daquela imensa região sofreu rudemente, pagou a grande culpa de viver em terras por onde passaram os patriotas e humanitários soldados da revolução...". No meio do caminho, onde acampou Adolpho Konder, havia um marco de uma sepultura, que Gama D'Eça descreve como sendo "a cova do degolado". Ervas daninhas cobriam uma cruz carunchosa e tosca.

> É que me comoveu fundamente a sua desgraça, enterrado e esquecido no meio da floresta virgem, naquele imenso silêncio e naquela imensa solidão! Um tropeiro dos nossos o conheceu: era um negro velho que mostrara à coluna Claudino o rastro da gente de Carlos Prestes: o Rio das Antas cheio de cadáveres de cavalos. Quando Leonel Rocha passou por Mondaí, em novembro de 1927, um facínora de sua horda o prendeu. E no Vorá, naquele mesmo lugar, um paraguaio zarolho e de cabelos vermelhos, meteu-lhe os dois dedos da canhota no nariz e correu-lhe o ferro na garganta de 'viage intera (*D'EÇA, 1929*).

Arno Koelln, na obra *Porto Feliz*, afirma que, em 1842, havia uma picada indígena, usada pela tribo caingangue chefiada por Caiefaiá, que saía da foz do rio das Antas, onde hoje é Mondaí, em direção ao Norte[28]. A picada indígena, também conhecida por Peabiru, é a mesma relatada por Ulrich Schmidl, na obra referida anteriormente.

O caminho, séculos antes, era usado pelos jesuítas, para fazer a conexão entre a redução jesuítica de Guairá, no Norte do Paraná, e as missões espanholas, na Província de São Pedro, no Rio Grande do Sul. Também era conhecida como a Picada do Barracão e, depois da Coluna Prestes, por Picada do Prestes, passando por Mondaí, Laju, Vorá, Descanso, Campinas, Guamirim, Índio, Lajeado Liso, Linha Welter, Derrubada e Barracão.

---

[28] *Apud* DE BONA, Avelino. **Evolução Histórica de São Miguel do Oeste**, p. 15.

O Extremo Oeste era cortado pelos caminhos por onde transitavam índios guaranis e caingangues, que praticavam a silvicultura. As picadas também serviram de passagens para missionários espanhóis e bandeirantes paulistas. Segundo Heinen (1991), apareciam sinais de um antigo estradão, ao longo dos rios Índio e Flores, com capoeira e mata de segunda geração. A Coluna Prestes, no ano de 1925, aproveitou essas picadas para atravessar a região até Barracão.

ADOLPHO KONDER E A AVENTURA NOS SERTÕES

O governador de Santa Catarina realizou de 17 de abril a 18 de maio de 1929 uma viagem que se tornou histórica no processo de integração do Oeste e do Extremo Oeste ao restante do estado. Adolpho Konder fez o trajeto de automóvel até Chapecó e, dali em diante, viajou de barco pelo rio Uruguai até Mondaí e a cavalo até Dionísio Cerqueira e Barracão. O objetivo era conhecer a realidade de todo o estado e também integrar essa região vasta e que se destinava à colonização, num projeto de ocupação territorial que se arrastava desde a resolução da disputa da área com a Argentina, no processo denominado Questão das Missões.

Estrada de Mondaí a Vila Oeste. Acervo: Tarciso Tengaten

O governador e uma grande comitiva percorreram o Oeste e Extremo Oeste e a aventura ganhou espaço na imprensa estadual e nacional. A região de São Miguel do Oeste ainda era coberta de mata espessa, principalmente formada por araucárias e outras madeiras nobres. A marcha do governador ganhou contornos épicos, pelas dificuldades e pelas características descritas como "Sertão".

Da comitiva faziam parte, entre outras autoridades, o acadêmico Othon Gama D'Eça, que depois transformou o relatório de viagem em livro, o desembargador José Arthur Boiteux e o chefe de Polícia, Arthur Ferreira da Costa, que também descreveram a viagem em relatórios que foram publicados nos anos seguintes, com contornos de aventura.

A partir das cidades por onde a comitiva passava, foram se juntando prefeitos para acompanhar Adolpho Konder. Assim, a viagem contou com o prefeito de Mafra, Manoel Xavier; de Cruzeiro do Sul (atual Joaçaba), Manoel Passos Maia; Francisco Fagundes, de Campos Novos; José Luiz Maia, de Chapecó; além do juiz de direito Antonio Selistre de Campos e de um correspondente do jornal *República*, de Florianópolis. A comitiva, a partir do Goio-En, seguiu a viagem de barco pelo rio Uruguai. Konder reúne-se, em Iraí, com o governador do Rio Grande do Sul, Getúlio Vargas, antes de seguir viagem para Mondaí.

Depois de grande recepção em Mondaí, o governador vai até Itapiranga e depois segue pela estrada ligando as comunidades de Iporã e Descanso, até Dionísio Cerqueira e Barracão, na divisa com o Paraná. Na Linha Campinas, próximo a Descanso, o governador acampa, antes de seguir viagem.

A partida da comitiva de Mondaí. Acervo: Tarciso Tengaten

O governador ordenou o alargamento da estrada de Mondaí a Barracão, obra que iniciou imediatamente após a passagem da comitiva, em 2 de maio de 1929. O trabalho iniciou com a contratação de Primo Teston, mas foi interrompido em 1930, devido à Revolução que levou Getúlio Vargas ao poder, no quilômetro 40, entre Itajubá e São Valentin, onde hoje é o quilômetro 14 da SC 163.

A comitiva do governador, conforme Gama D'Eça, acampou às margens do Lajeado Vorá, seis léguas depois da saída de Mondaí. O lajeado, de água límpida, que foge entre as pedras, dividiu o acampamento em dois: de um lado, num ponto mais alto, onde ficou Adolpho Konder, e do outro lado, onde ficou o restante da comitiva, vicejavam urtigas, e estava a cruz do degolado, de 1927, quando ocorreu a segunda passagem de tropas da Coluna Prestes. Na campina, havia uma lagoa e bois que pastavam, mostrando a presença de famílias e uma casa de colono, com uma mangueira e um forno ao lado. Um pomar e uma lavoura completavam o quadro onde o governador se instalou para descansar, depois da andança de quase 40 quilômetros.

Comitiva de Adolpho Konder. Fonte: acervo pessoal de Tarciso Tengaten

O pesquisador Any Chittó, já falecido, deixou escritos informando que *"os matos do Extremo Oeste não eram tão despovoados como geralmente se pensa. Havia uma estrada entre capoeiras, passando pelos rios Liso e Índio, com uma ligação com San Pedro, na Argentina".* Uma outra ligação levava até Derrubada, onde moravam brasileiros, oriundos de Campo Erê, como a família Lara, que morava em Separação.

A população que habitava a região era, em sua maioria, cabocla. Por caboclo entende-se que sejam *"habitantes das fronteiras do sul, que vivem aí desde antes da chegada dos colonizadores"*[29] (MARQUETTI; LOPES DA SILVA, 2016, p. 109). O caboclo era mestiço, pobre, posseiro, agregado ou peão (MACHADO, 2004, p. 48). Eles sobreviviam do uso comum da terra, com base no extrativismo de erva-mate e na criação de porcos, para consumo e comercialização em povoados próximos.

O trabalho dos moradores era a coleta de erva-mate[30], e a extração da planta em caráter comercial já era destacada no final do século 19, quando os ervais atraíam não apenas moradores de origem brasileira, mas também famílias provenientes da Argentina e do Paraguai (CORRÊA, 1970). *"Essas famílias ao encontrar uma área onde tal árvore abundava, nela se instalavam e iniciavam a produção, normalmente nos meses de inverno."* O depoimento de Othon Gama D'Eça fez apontamentos que caracterizam os personagens encontrados no caminho:

> *Encontramos, acampados num "passo", dois camaradas que andam a roçar a picada: um grande velho, com a cara cheia de rugas como o caroço de pêssego, e um rapazola robusto, cor de cobre, de olhar zombeteiro e cabelos ásperos como o cedenho, já de winchester pela bandoleira.*[31]

Segundo Heinen (HEINEN, 1991)[32], havia sinais de um antigo estradão, ao longo dos rios Índio e Flores, com capoeira e mata de segunda geração. A partir daí, a estrada é toda rasgada por uma serra, onde à esquerda tem barrancos e pedras soltas, mato fino e touceiras de carquejas. Depois, a comitiva encontrou coxilhas e capões de mato, com mais casas de colonos. A picada, única estrada para seguir em frente, era um caminho estreito, com troncos e galhadas que dificultavam a passagem, onde os cavalos tropeçavam em

---

[29] MARQUETTI, Delcio; LOPES DA SILVA, Juraci Brandalise. **História Oral e Fragmentos da Cultura Popular Cabocla**. UNOESC, 2008.

[30] BRANDT, Marlon; NODARI, Eunice Sueli. Comunidades tradicionais da Floresta de Araucária de Santa Catarina: territorialidade e memória. **História Unisinos**, São Leopoldo, v. 15, n. 1, p. 80-90, 2011.

[31] SILVA, Adriano Larentes da. **Fazendo cidade**: a construção do urbano e da memória em São Miguel do Oeste-SC. 2004.

[32] HEINEN, Pe. Luiz. **Colonização do oeste de Santa Catarina, do sudoeste do Paraná e parte do planalto catarinense**: aspectos sócio-políticos-econômicos e religiosos. 1991.

ramos atravessados no chão. A trilha também tinha unha-de-gato e taquarais, e era rodeada de árvores frondosas. Alguns trechos eram de terreno chato, limpo e água não faltava. Dava para ver o céu entre as vastas e largas fendas das árvores, dos pinheiros e das erveiras. O sol esquentava um pouco, de vez em quando, toda hora que se abria nas clareiras.

Adolpho Konder em pé diante da barraca. Fonte: acervo pessoal de Tarciso Tengaten

A comitiva encontrou um grupo de homens que fazia o caminho contrário, de Dionísio Cerqueira a Mondaí, que informaram sobre a estrada. Com o dia acabando, chega a hora de jantar. O prato foi arroz com feijão e charque, preparado por um dos cozinheiros da comitiva.[33] Até o Lajeado Liso, o trecho foi sem intercorrências. Apenas pedaços de taquaruçus se partiam sob as patas dos cavalos e mulas. Quando o governador passou por São Miguel do Oeste, no relato de José Arthur Boiteux (BOITEUX, 1929), recebeu comida para a comitiva de uma mulher alemã de um ervateiro que tinha 18 filhos, o que demonstra uma intensa ocupação demográfica. Ao chegar a Barracão (O ESTADO, 1929), Konder passou um telegrama relatando os últimos 50 quilômetros, incluindo o trecho onde viria a ser criado o município.

CHEGADA À BARRACÃO

[...] A viagem até aqui, apezar de longa foi excelente. Gastamos seis dias no percurso, tendo passado pelo meio da matta virgem por

---

[33] D'EÇA, Othon Gama. **Aos espanhóis confinantes**. FCC: Fundação Banco do Brasil: Editora da UFSC, 1992.

uma picada estreita. Nenhum incidente houve felizmente. Notamos grandes e desoladores vestígios da passagem das columnas Prestes e Leonel Rocha, casas destruídas pelo incêndio, cruzes assignalando alguns isolamentos ou cercados, aonde repousam soldados legalistas gaúchos. Existem grandes campos de criação abandonados e tapéras que attestam a antiga prosperidade dos seus moradores, que essas columnas reduziram à miséria.

COLONIZADORES DESCOBREM O
EXTREMO OESTE

No decorrer da década de 1930, o presidente Getúlio Vargas adota a Marcha para o Oeste, como política de ocupação do território na fronteira com os países sul-americanos. O novo regime, no desdobramento de seu programa de desenvolvimento, adotou como estratégia a fixação no interior.

O programa começou a ser executado na segunda metade da década e incluía a abertura de estradas, a implantação de projetos de colonização e ocupação territorial e a implantação de uma eficiente estrutura mínima de comunicações (GAZETA DE NOTÍCIAS, 1938).

Os jornais da época saudavam a iniciativa do governo, anunciada durante a implantação do Estado Novo, e comparavam a ação de Vargas ao "Far-West" americano, também chamado de Marcha para o Oeste. O presidente, inclusive, foi o primeiro a viajar para o Centro-Oeste brasileiro, abrindo caminho para os projetos de colonização.

O Brasil precisa urgentemente ser descoberto porque não é Brasil apenas a faixa atlantica e as localidades proximas ao litoral não são as unicas que merecel a attenção do Governo e do povo para seu progresso. Isso claramente o entendeu, e o entende, o espirito lucido que temos á frente da Republica.

Recorte do jornal A Notícia, de Joinville, em 13/9/1938

Vargas assumiu o governo após a Revolução de 30, com amplo apoio dos militares, muitos deles combatentes da Coluna Prestes, que participaram de combates inclusive na região e que levaram para o governo a necessidade de ocupação da fronteira.

Dentro desse processo de ocupação territorial, Vargas assinou decreto em que "adotava medidas drásticas do ponto de vista nacionalista" (SCHMIDT, 2001, p. 20), como a colonização da região fronteiriça por brasileiros ou descendentes de imigrantes europeus. Era evidente o objetivo de garantir as fronteiras, aliado ao projeto de desenvolvimento do país.

O prazo para a venda era até 1932, razão pela qual vendeu glebas a colonizadoras do Rio Grande do Sul (PIAZZA, 1994), que viriam a ter papel preponderante na história da maioria dos municípios do Oeste Catarinense. Reflexo da passagem do governador Adolpho Konder pela região, surgiu a necessidade urgente de ocupação territorial da fronteira pelo estado de Santa Catarina (REPUBLICA, 1931).

A formação das balsas na foz do rio das Antas (BORNHOLD, 2023)

Quase não existem escolas e as crianças brasileiras atravessam os rios para frequentar as escolas em países vizinhos, como foi constatado em Dionísio Cerqueira, em 1929. A questão do contrabando também era preocupante e classificado como "enorme" pelo governo. A proposta inicial era fundarem-se colônias militares ao longo do rio Peperi, com postos alfandegários e núcleos populacionais, com escolas e centros de cultura agrícola.

A proposta não prosperou e ficou apenas na ideia, pois demandaria investimento que o governo do estado não tinha, sendo muito mais viável entregar a tarefa de colonizar e ocupar a região às empresas colonizadoras.

Willy Barth, fundador da colonizadora Barth, Benetti e Cia Ltda (RIPPEL, 2019)

Em 1939, Alberto Dalcanale e Gaston Benetti em visita à região perceberam o potencial extrativista, diante da imensidão de florestas de araucárias e de outras madeiras nobres. Em 1940, Gaston Luiz Benetti, um dos fundadores de São Miguel do Oeste, idealizara uma estrada internacional de Vila Oeste a Encarnación, na divisa da Argentina com o Paraguai, para mais fácil vazão do corte de madeira da região, sem depender exclusivamente das enchentes do rio Uruguai.

Nesse contexto surge a figura do colonizador, empresário e empreendedor Willy Barth, um experiente caixeiro-viajante que atuava na Serra Gaúcha. Nascido em Santa Cruz do Sul, em 20 de junho de 1906, filho de alemães protestantes, empresários Adolfo Barth e Maria Schilling Barth. Permaneceu na casa dos pais até os 12 anos e depois foi mandado para Porto Alegre, onde estudou no tradicional Colégio Farroupilha.

Como vendedor de tecidos passou a ter contato direto com a população interiorana e atuar principalmente na Serra, como representante da empresa *Bier & Willmann Ltda*, de Porto Alegre, tradicionais comerciantes de tecidos do início do século na capital gaúcha.

Primeira equipe de abertura de estradas. Acervo: Tarciso Tengaten

Já morando em Caxias do Sul, que era um centro de vários projetos de colonização e de onde surgiram empreendimentos importantes em Santa Catarina, Paraná e no Centro-Oeste do Brasil, Willy Barth associou-se a Gaston Benetti e outros comerciantes de expressão regional, constituindo a empresa Barth & Benetti Ltda, que mais tarde passaria por uma reformulação, transformando-se na empresa Barth & Annoni Ltda.

O primeiro grande projeto da empresa foi a fundação do núcleo de colonização da Vila Oeste, onde futuramente surgiria o município de São

Miguel do Oeste. A sede da empresa localizava-se em Carazinho, mas a sua atuação efetiva na venda de lotes rurais se dava na Vila Oeste, tendo Willy Barth como titular dirigente dos negócios, voltados à comercialização de terras e de madeira serrada para a Argentina, por meio do transporte por balsas, pelo rio das Antas e pelo rio Uruguai (SCHIMIDT, 2001, p. 25).

Willy Barth permaneceu no comando da empresa até 1945, quando se afastou do projeto. Ele, então, criou a Empresa Madeireira do Rio Paraná Ltda (Maripá), responsável pelos projetos de colonização de Toledo, Marechal Cândido Rondon e outras cidades do Oeste do Paraná, fixando residência em Toledo, onde se tornaria o segundo prefeito eleito, em 1960. Ele assumiu em 1961, mas não concluiu o mandato, falecendo em Laranjeiras do Sul, onde fazia campanha para o Senado, em 1962, após sofrer um infarto.

Família Lamb, antes de vir para Vila Oeste. Fonte: Eder Dall'Agnoll dos Santos

O estado catarinense cede à *Brazil Development Colonization Company* as glebas Rancho Grande, Rio Engano, Chapecó e Peperi, totalizando 712.127 hectares (WERLANG, 2006). As terras se tornam desembaraçadas e a empresa projeta dividi-las em lotes de 20 a 25 hectares.

O governo de Santa Catarina passa a considerar "imperativo categórico que nos manda colonizar e policiar toda aquela imensa região". Quase não existem escolas e as crianças brasileiras atravessam os rios para frequentar as escolas em países vizinhos, como foi constatado em Dionísio Cerqueira, em 1929. A questão do contrabando também era preocupante e classificado como "enorme" pelo governo. A proposta inicial era fundarem-se colônias militares ao longo do Rio Peperi, com postos alfandegários e núcleos populacionais, com escolas e centros de cultura agrícola.

Famílias de colonos começam a chegar. Acervo: Tarciso Tengaten

As famílias interessadas em migrar para Santa Catarina eram, basicamente, descendentes de italianos, alemães e poloneses, oriundos da Serra Gaúcha, onde as pequenas propriedades se tornavam inapropriadas para a sobrevivência de famílias numerosas. Um dos exemplos é a Família Lamb, integrante dos pioneiros, no início da colonização, como comprova fotografia obtida antes da saída do interior de Venâncio Aires, em 1939.

Visão de Vila Oeste dos primeiros anos. Acervo Museu Municipal

Jussara Silvestrin e Sirlei Dalmagro, em janeiro de 1977, assim descrevem o processo de colonização na fronteira:

> *Em 1940, a firma Barth, Benetti & Cia Ltda., por seu diretor Alberto Dalcanale adquiriu do Património da União, conforme escritura pública lavrada a 14 de novembro, devidamente transcrita na Comarca de Chapecó sob o nº 5.557, "uma área de terras de cultura e matos, situada na primeira Gleba, denominada Pepery-Chapecó", com 4.840 hectares. A 18 do mesmo mês e ano, por escritura pública lavrada em Curitiba, por Claro Américo Guimarães, e transcrita do registro de imóveis de Chapecó sob o nº 5.610, em data de 02.01.1941, a sociedade, por seu diretor, adquiriu da firma Brazil Development and Colonization Company, proprietária da área de 273.703,5472 hectares, a segunda Gleba Pepery-Chapecó, conforme transcrição nº 432, mais "uma parte de terras" com 13.382,6 hectares.*

Assim, somente depois de 1940, sem litígios, começou efetivamente o processo de colonização da fronteira. Os primeiros sócios da colonizadora foram Manuel Passos Maia, Alberto Dalcanale, Gaston Luiz Benetti, Dionísio de Carli, Reinaldo de Carli e Willy Barth. Todos eles moravam em Caxias do Sul, à exceção de Alberto Dalcanale, que, então, residia em Cruzeiro, hoje Joaçaba.

A povoação do município de São Miguel do Oeste ganhou força a partir de 1940. No final da década, a reivindicação era a conquista da emancipação político-administrativa. Essa era uma necessidade urgente, uma questão de sobrevivência, diante das inúmeras dificuldades enfrentadas pelos colonos que deixaram as colônias velhas, na Serra Gaúcha, em busca de terras férteis e novas oportunidades em Santa Catarina.

Construção de ponte no rio das Flores. Acervo Rui Luchesi

Atraídos por propaganda nos jornais, principalmente a partir de Caxias do Sul, diariamente chegavam a São Miguel do Oeste e outras localidades caravanas de colonos procedentes do Rio Grande do Sul. Ao contrário da propaganda, que oferecia terras férteis, planas, cobertas de madeiras nobres e até sem formigas, a realidade não oferecia as mínimas condições para uma vida confortável. Faltava tudo. Menos coragem. Faltava estradas, escolas, médicos, remédios, comida.

Quase não havia emprego. A maior parte das oportunidades era para gente que só vinha para trabalhar nas madeireiras, um ofício desenvolvido especialmente pelos caboclos, grupo de *brasileiros* que já residiam na região antes da chegada dos descendentes de alemães, italianos e poloneses. Eram esses trabalhadores que, conforme mostrou Martin José Andrin, enfrentavam as piores condições de trabalho, de alimentação e de moradia.

> *Eles [os empreiteiros e peões de madeireira] sofriam muito. O que eu vi aonde eles cortavam longe daqui, dá uns quinze quilômetros, o que os empregados passavam no meio daquele mato, o que eles comiam eu não conseguiria comer. [...] Tinha uma serraria aqui, aqui havia seus empregados. Os que puxavam as toras moravam aqui [na Vila]. Mas a maioria dos empregados das serrarias que ficavam longe morava onde tinha a serraria, perto da serraria, ao redor da serraria.[34]*

O acesso à vila era impraticável, uma aventura que dependia do tempo, pois as estradas ficavam intransitáveis, especialmente nas épocas de chuvas. De qualquer ponto, a chuva poderia estender o percurso em até três dias. Os contribuintes não iam até Chapecó para pagar os impostos e, sem dinheiro, o governo não destinava recursos para atender a população.

Os caminhos para a colonização do Extremo Oeste e de São Miguel foram abertos na base de enxada, picareta e machado, pela absoluta falta de estradas. Essas primeiras picadas deram acesso aos migrantes e serviam de passagem para os primeiros moradores.

Oficialmente, a ocupação iniciou no ano de 1940, numa faixa de 150 quilômetros de terras a partir do rio Peperi, onde ainda não havia um projeto de colonização.

A região já era ocupada por posseiros, que viviam na fronteira há décadas, mas sem qualquer registro de propriedade de suas áreas de ocupação. Essas terras foram demarcadas e revendidas, ou em determinados casos entregues gratuitamente a empresas que se prontificaram a colonizar a região de São Miguel do Oeste.

---

[34] ANDRIN, Martin José. Entrevista concedida a Adriano Larentes da Silva. São Miguel do Oeste, 6 maio 2002.

Foi a extração da madeira, principalmente o pinho, que incrementou a colonização da zona onde hoje se localiza o município (IBGE, 1959). Com a finalidade de extrair e exportar madeiras de lei e pinho e promover a colonização de terras, as empresas se instalaram na área ao norte da gleba de propriedade de Alberico Azevedo e dos sucessores de Nicolau Bley Neto, no dia 27 de janeiro de 1940, e fundaram na cidade de Caxias do Sul a empresa Barth, Benetti e Companhia Limitada, tendo como sócios Alberto Dalcanale, Gaston Luiz Benetti, Willy Barth, Manuel Passos Maia, Dionísio De Carli e Reinaldo De Carli.

Os primeiros colonizadores a adquirir glebas para divisão e revenda foram Alberico Azevedo; Barth, Benetti & Cia Ltda, depois transformada em Barth, Annoni & Cia Ltda; Madeireira Iguassu Ltda; Colonizadora e Madeireira Bandeirante Ltda; Pinho & Terras Ltda; e Sociedade Madeireira Santa Rita Ltda.

A venda de lotes para os primeiros agricultores, via de regra oriundos das colônias velhas, no Rio Grande do Sul, viria em seguida. Geralmente eram famílias numerosas provindas das colônias mais antigas da Serra Gaúcha e de Santa Catarina, que encontravam dificuldades em absorver a grande quantidade de mão de obra disponível, pelo grande número de filhos que tinham os primeiros imigrantes europeus atraídos para o Brasil com a promessa de terra farta, barata e disponível para quem quisesse trabalhar.

Nomeado administrador da colonizadora, Gastão Benetti com Angelo Longhi, Henrique José Sachetto e Felisberto Santuare rumaram para o norte do município de Mondaí, seguindo a picada aberta pelos componentes da Coluna Prestes (IBGE, 1959). Chegando em Descanso, seguiram para o local denominado Derrubada, e daí alcançando as nascentes do Lajeado Guamirim. Nesse local, escolheram onde deveria ficar a sede da colonizadora, no dia 23 de março de 1940.

No dia seguinte, os pioneiros começaram a construir um rancho de taquaras para abrigar-se, apoiando-o no tronco de um cedro então existente a quatro metros do segundo afluente, à margem esquerda do Lajeado Guamirim. O cedro achava-se no meio da atual avenida Getúlio Vargas.

Fundos do Bolão do Pubi. Acervo: Inilde Ferro/Foto Andrin

Feito o desmatamento do local da sede, com tábuas de pinho adquiridas na serraria dos Irmãos Stangler, instalada em Gramadinho, nas proximidades do bairro Santa Rita, a colonizadora mandou construir, perto do rancho, um barracão, onde foram abrigadas as famílias de colonos que, procedentes do estado do Rio Grande do Sul, se estabeleceram dentro da área a ser colonizada.

Os primeiros que chegaram e se instalaram na nascente do Arroio Guamirim, Alberto Santuare, Henrique Santuare e Ângelo Longhi, não eram agricultores, mas pessoas enviadas pela empresa para fazer o reconhecimento do espaço onde seria implantada a colônia. O local onde inicialmente se instalaram, onde hoje é a Avenida Getúlio Vargas, é reconhecido como o centro da colonização, porque foi nesse espaço que se desenvolveu o centro do município de São Miguel do Oeste.[35]

A primeira família que se estabeleceu na gleba foi a de Francisco Ferrasso em 11 de junho de 1940, seguindo-se: Angelo Longhi, Reinaldo Pimentel, Caetano Silvestre, Carlos Loesch, Fernando Lohmann, Aureliano Lazarotto e Guerino Andreatta (IBGE, 1959). Construído o barracão da firma, como era chamado o local, Angelo Longhi montou uma pequena serraria movida com água do Lajeado Guamirim, e com as primeiras tábuas construiu-se a primeira casa de moradia, de propriedade de Santo João Mollin, situada no lote urbano número 1, na Avenida Getúlio Vargas. Mais tarde, o administrador da empresa colonizadora, Olímpio Dal Magro, elaborou um projeto de loteamento e providenciou a abertura da Avenida Getúlio Vargas, com 25 metros de largura, e das demais ruas, com 20 metros (DE BONA, 2004).

Comércio de Granzotto, Minghelli e Fracasso, em Vila Oeste, no ano de 1944. Fonte: Acervo de Tarciso Tengaten

---

[35] REVISTA TRILHAS DA HISTÓRIA. Três Lagoas, v. 3, n. 5, jul.-dez. 2013, p. 86-104, p. 98.

Nos primeiros meses na Vila Oeste, os novos moradores que chegavam se alojavam no barracão ao lado do Arroio Guamirim, e cada família escolhia o local onde iria morar. A partir de iniciativas coletivas de vizinhos, os primeiros mutirões, construíam-se as casas para as famílias. Quando da instalação da Vila Oeste, já funcionava nas imediações do atual Bairro Santa Rita a serraria da empresa Sociedade Madeireira Santa Rita Ltda.

A primeira gleba de colonos só foi instalada em 12 de setembro de 1940, seis meses depois, com a chegada das famílias Ferrasso, Pimentel, Silvestre, Loesch, Lohmann, Lazarotto e Andreatta. Outras porções de terras, todavia, foram adquiridas pelas demais empresas e a colonização, como um todo, ocorreu no mesmo período.

Gaston Benetti, ao lado de colonos. Acervo: Maria Dal Magro Predebon

Passados os entraves jurídicos que dificultaram os primeiros anos da colonização, as empresas passaram a vender terras e as famílias foram chegando. Os primeiros moradores se dedicaram à extração de madeira (CORREIO RIOGRANDENSE, 1986, p. 19). O padre Aurélio Canzi, que viria a desempenhar um papel relevante do desenvolvimento do futuro município, esteve em Vila Oeste em 1940, antes da colonização, quando o local se chamava Pouso da Limeira, chegando a saborear algumas limas que lá encontrou (A VOZ DA FRONTEIRA, edição de 21/10/1962).

As primeiras viagens de caminhão com o transporte de mudanças de pioneiros da Serra Gaúcha para São Miguel do Oeste foram feitas pelo caxiense Vitório Angelo Pivetta, que conta que dirigiu "o primeiro caminhão que saiu do Rio Grande do Sul para a Vila Oeste" (PIONEIRO, 1977, p. 12). Ele, depois, fez mais duas viagens até Barracão.

Motorista Vitório Angelo Pivetta (PIONEIRO, 1977)

Os primeiros moradores enfrentaram dificuldades imensas nos primeiros tempos. Além do isolamento e da falta de estrutura, muitos apontam outros problemas. O primeiro morador, Francisco Ferrasso, escreveu numa carta contando que o início da colonização foi um período de grandes decepções.

> *Resolvi vir para cá iludido pela firma de Gaston Benetti [...] em junho de 1940, ano em que só existiam aqui terras e mosquitos*

malignos. Ao ronco do tigre e ao martelar dos catetos, eu construí meu rancho, o primeiro aqui construído em densa mata. Nem um pique sequer existia, a não ser feito pelos animais (SPENASSATTO, 2008).

Francisco Ferrasso. Acervo da família

No início de 1941, chegaram novos moradores, que também enfrentaram problemas adicionais, não previstos nem pelos colonizadores nem pelos imigrantes: a guerra mundial provocou a falta de gasolina e pneus. A economia se baseava na madeira, transportada por balsas pelos rios das Antas e depois Uruguai, para os mercados do Prata. Sem emprego e sem dinheiro, era preciso implantar as primeiras lavouras apenas com culturas de subsistência e a criação de pequenos animais.

ENTRE A SECA E A FEBRE TIFOIDE

Madeireira na Vila Oeste, em 1945 (RELATÓRIO TROTTA, 1946)

O pior capítulo da história de Vila Oeste ainda estava por vir. A região enfrentou a grande seca, sem enchentes e sem o transporte da madeira por três anos. Com isso, instalou-se uma grave crise financeira vivenciada pelos madeireiros e agricultores (HEINEN, 1991, p. 98). A estiagem abateu-se sobre a comunidade, tornando a sobrevivência dos primeiros colonos um grande desafio. A falta de chuvas causou graves danos ao comércio[36], pois era possível produzir, mas era impossível fazer o transporte das madeiras devido aos baixos níveis de água do rio Uruguai, único meio de transporte para as madeireiras.

Em janeiro de 1946, com a volta das chuvas, a enchente do rio Uruguai possibilitou a retomada da venda de madeira, mas, se de um lado a economia passou por um alento, a chuva veio acompanhada de um surto de febre tifoide que acabou vitimando muitos habitantes da região (SEBRAE, 2010). Nos três anos de estagnação, os madeireiros não tinham como escoar a produção, que era proveniente da extração da madeira para exportação, por meio das balsas, nas enchentes do rio Uruguai. O único moinho da Vila Oeste era movido a água e parou de funcionar. Para moer trigo e milho, era preciso recorrer a

---

[36] SANTOS, Ana C. A. dos. **A população de São Miguel do Oeste e o contexto da educação.** UNOESC, 2021.

outro que funcionava em Iporã (SPENASSATTO, 2008, p. 97 e 98). Havia mais um moinho em Descanso, mas que não conseguia atender à demanda.

Governador vistoria balsas no rio das Antas (RELATÓRIO TROTTA, 1946)

A enchente permitia a retomada da atividade econômica, mas o surto de febre quase dizimou os habitantes da Vila.

A chegada do médico Maximino Resende, em 1946. Acervo: Museu Municipal

Em janeiro de 1946, o ano iniciou com tanta chuva que criou um problema muito sério para os moradores da Vila (SPENASSATTO, 2008). *"Choveu torrencialmente durante meses, e com a chuva veio o surto de febre de tifo, que por falta de assistência médica e medicamentos, vitimou inúmeras pessoas."*

Padre Aurélio Canzi (CORREIO RIOGRANDENSE, 1966)

Com o alastramento do surto de febre, a igreja construída para a chegada do padre Aurélio Canzi foi transformada emergencialmente em centro de saúde para atendimento dos doentes. O pároco foi auxiliado pelo médico Ulrich Neff, que residia em Sede Capela e trabalhava no Hospital São José, de Itapiranga, e que foi o primeiro a diagnosticar o tifo e recomendar o tratamento.[37] A Colonizadora Barth, Annoni e Cia Ltda providenciou a vinda para a Vila Oeste do primeiro médico, Dr. Maximino Resende.

---

[37] A informação sobre o médico está disponível na internet, na página da prefeitura de Itapiranga, onde é relatado o histórico da Linha Sede Capela. Disponível em: https://turismo.itapiranga.sc.gov.br/o-que-fazer/item/igreja-sao-jose-linha-sede-capela.

A epidemia espalhou-se rapidamente e de forma assombrosa, segundo Spenassatto:

> *Raras eram as famílias não atacadas pela doença em Vila Oeste. Distante de hospitais e sem médicos, as pessoas contaminadas [...] padeciam sem esperança. A febre lhes consumia em delírios pois os convalescentes não tinham medicamentos adequados para controlar a temperatura.*

Rui Luchesi mostrando terras a compradores. Acervo: Tarciso Tengaten

Testemunhos como o do médico Maximino Guedes Resende e do padre Aurélio relatam a situação como uma verdadeira tragédia. A enfermidade vitimou inúmeras pessoas, espalhou o desespero e impediu a entrada de novas famílias na colonização. Como não havia hospital na Vila Oeste, o religioso transformou a casa paroquial, ao lado da igreja de São Miguel Arcanjo, numa central de socorro aos doentes, onde era ajudado pelas senhoras Idaci Wassun, Matilde Barichello, Matilde Lohmann e Paulina Cucarollo. Essa última, anos depois, foi homenageada pela Câmara de Vereadores e recebeu o título de primeira enfermeira de Vila Oeste.

A crise econômica deixou a população em sérias dificuldades, sem dinheiro, sem mantimentos, sem produtos para vender ou trocar, mal conseguindo manter o próprio sustento. Quando havia necessidade urgente de busca de recursos, era preciso ir até Frederico Westphalen, no Rio Grande do Sul, e a viagem durava um dia. A colonizadora pagou pelo médico e os medicamentos para a recuperação dos doentes. Em entrevista a Leda Spenassato, Ruy Luchesi, em 7 de novembro de 2001, contou que, na enchente de 1946, os caminhões da Sican saíam da Linha Três Barras e usavam parte da madeira carregada para fazer estradas por onde os veículos pudessem transitar.

Funcionários da Madeireira Sican. Acervo: Inilde Ferro/Foto Andrin

> *Foram feitos trilhos de madeira para os caminhões passarem com as cargas de madeira, pois não havia outro jeito de transportá-la uma vez que as estradas haviam virado um atoleiro só, devido à grande quantidade de chuvas. Esses trilhos eram longos com até cem ou duzentos metros de comprimento (SPENASSATTO, 2008, p. 98).*

Dominada a epidemia, a Vila tomou novo impulso para o qual concorreram os esforços incansáveis de colonos e madeireiros. A extração de madeiras em 1940, iniciada às margens do rio das Antas, junto à confluência do arroio Araçá, e a agricultura, especialmente a produção de milho, fumo e trigo, bem como a suinocultura, começaram a se desenvolver (IBGE, 1959).

As pessoas tiveram que encontrar forças para seguir com o desenvolvimento da comunidade. A mata cedeu lugar para as primeiras lavouras, a suinocultura, a agricultura e a madeira formaram a base econômica nos primeiros anos. Eles foram os alicerces do desenvolvimento da Vila Oeste, que em 1949 foi reconhecido como 15º distrito do município de Chapecó (SEBRAE, 2010).

A CRIAÇÃO DA PARÓQUIA DE SÃO MIGUEL ARCANJO

Em meados de 1943, a firma Barth, Benetti e Cia Ltda mandou construir uma igreja, escolhendo São Miguel Arcanjo como padroeiro, por ser esse o santo protetor dos madeireiros. Consta que havia reclamação dos moradores, pois a colonizadora havia prometido construir uma igreja e já haviam passado mais de dois anos e ainda não tinha essa melhoria.

A colonizadora construiu uma igreja pequena, que era atendida pelo padre Teodoro. A escolha do padroeiro se deve aos votos dos madeireiros, pois nas proximidades das festas do arcanjo costumava chover bastante e, com o volume das águas, a madeira cortada podia descer pelo Uruguai em grandes balsas pilotadas por eles, desviando-se dos saltos, corredeiras e obstáculos do curso normal do rio.

Igreja matriz sendo construída, vendo-se ao fundo a capela que serviu de local para as missas e onde foi construído o salão paroquial. Acervo: Maria Predebon

A igreja reitorada foi criada em 6 de fevereiro de 1944 subordinada à Paróquia de São Pedro Canísio, de Itapiranga. Nove dias depois, no dia 15 de fevereiro, o padre Aurélio Canzi chegou na Vila Oeste e foi apresentado à comunidade pelo administrador Apostólico, Dom Carlos Eduardo Sabóia Bandeira de Mello (IBGE, 1959).

De acordo com os escritos de Any Chittó[38], antes da construção da igreja, as primeiras 17 famílias que residiam na vila, aos domingos, participavam de missas na sede de uma escolinha que a colonizadora construiu defronte ao local onde hoje existe a gruta de Nossa Senhora de Lurdes.

O padre Aurélio Ângelo Canzi foi apresentado, mas a capela continuou sendo subordinado à paróquia de Itapiranga. Em 1946, quando a região foi assolada pelo tifo, o religioso transformou a casa paroquial em um hospital improvisado e teve um papel preponderante na recuperação do vilarejo (HEINEN, 1991). O padre Aurélio somente foi empossado oficialmente como vigário de São Miguel do Oeste em 30 de abril de 1950.

A paróquia de São Miguel Arcanjo foi fundada no dia 9 de abril de 1950. O bispo prelado de Palmas, em visita pastoral no ano anterior, autorizou a transformação da igreja em paróquia. O atendimento, na região, era prestado por padres Franciscanos (CORREIO RIOGRANDENSE, 1990).

Moradores ajudando na limpeza do terreno da matriz. Fonte: Museu Municipal

---

[38] Chittó deixou relatórios dos primeiros anos da igreja, escritos por ocasião do falecimento do padre Aurélio.

Fato semelhante ao surto ocorrido na Vila Oeste já havia ocorrido na colônia de Porto Feliz, hoje Mondaí, em 1925. De acordo com Bavaresco, a população sofreu com uma epidemia de tifo, que logo em seguida se alastrou também para a colônia Porto Novo, hoje Itapiranga, influenciando inclusive a venda de novos lotes de terra pelo medo que se espalhou diante de tal epidemia.

Conforme Jungblut (2004, p. 244), "a mortalidade infantil era alta por problemas de parto, infecções pulmonares, difteria, desidratação e, acima de tudo, por total falta de assistência médica". Na primeira metade da década de 1940, Vila Oeste era somente uma pequena vila, onde havia hospital improvisado, um hotel e uma escola. O padre Aurélio, quando chegou em 1944, escreveu em seu diário:

> [...] nem se podia falar em Vila: uma única estrada aberta, a atual Getúlio Vargas, com 4 metros de largura, fazendo voltas para desviar dos tocos mais reforçados; uma sesmaria e moinho, tocados a água e outras em construção; 17 famílias na sede todas sofrendo com a cruel seca; a igreja inacabada. Fiquei apavorado com a calamidade do mosquito borrachudo. As pessoas com as orelhas, rosto, braços e pernas inchadas, quase em chaga viva, de tanta picada. Todos fumavam, faziam fogo onde trabalhavam, passavam banha no corpo, para espantar os mosquitos. (HEINEN, 1991, p. 99).

A igreja católica teve três momentos importantes na história do município. O primeiro foi quando da construção da primeira capela, em 1943. O segundo foi quando funcionou provisoriamente onde hoje é o salão paroquial. A terceira fase, com as obras da matriz, iniciou em 1966, sendo idealizada pelo padre Aurélio. A pedra fundamental da nova igreja foi colocada em agosto daquele ano (CORREIO RIOGRANDENSE, 24/8/1966, p. 6). A solenidade contou com a presença do bispo diocesano de Chapecó, Dom Wilson Laus Schmidt, que proferiu a bênção da nova igreja matriz que seria construída.

Os recursos foram obtidos por meio de festejos na comunidade e por doações dos padrinhos, como o prefeito Pedro Waldemar Ramgrab, o padre Aurélio Canzi, Vitorino Zanchi, Carlos Dal Magro, Olímpio Dal Magro, Ampélio Veronese, João Baldissera e Adélia Stringhini. O projeto utilizou uma planta oriunda da Europa e a construção levou 12 anos, até a inauguração em 1978 (HEINEN, 1991).

A COMUNIDADE EVANGÉLICA

Assim como a igreja católica, a igreja Evangélica de Confissão Luterana do Brasil (IECLB) também iniciou suas atividades na Vila Oeste em 1943. A construção da sede foi concluída no ano seguinte, em 1944. A comunidade evangélica era formada, basicamente, por descendentes de alemães, oriundos do Rio Grande do Sul. O primeiro pastor foi Aldino Kempf, que ministrava os cultos em língua alemã.

Participavam da comunidade IECLB na Vila Oeste as famílias de Aloísio Webber, Carlos Loesch, Emílio Lewe, Fridolino Lamb, Guilherme Suze, João Schenkel, Henrique Jacob Lohmann, Henrique Haugg, Luciano Rodrigues da Silva, Oscar Benno Lohmann e Walter Becker, que foram seus fundadores.

Em 1956, foi criada em São Miguel do Oeste a segunda comunidade evangélica, denominada Igreja Luterana do Brasil (IELB), conhecida como paróquia evangélica, sendo Edmundo Grubber o seu primeiro pastor (GLÜCK, 2019, p. 37). As comunidades chamadas evangélica e luterana se desenvolveram em Vila Oeste, depois São Miguel do Oeste e também nas comunidades do interior, que mais tarde formariam os municípios de Bandeirante e Paraíso. Também estão presentes comunidades luteranas no interior do município, como em Alto Guamirim, entre outras.

Primeiros evangélicos no distrito de Bandeirante. Fonte: Ruy Luchesi

A convivência entre evangélicos e católicos, em São Miguel do Oeste, é bastante harmoniosa. Todos os anos, as duas comunidades se unem para a realização da Festa do Colono e do Motorista, sendo um ano realizada na igreja evangélica, nos altos da Avenida Getúlio Vargas, e no ano seguinte na igreja católica do bairro São Gotardo. O evento inclui desfile e bênção de veículos, reunindo sempre milhares de pessoas.

Campanha de evangelização em Paraíso, em 30/11/1955. Acervo: Ruy Luchesi

As principais manifestações populares são religiosas, como a festa do Padroeiro São Miguel Arcanjo, no dia 29 de setembro. No que diz respeito a cultos, registra-se o Culto Católico Romano, na matriz de São Miguel Arcanjo, com sacerdotes e ministros, nas capelas públicas, nos bairros e no interior (IBGE, 1959); Cultos Protestantes, na Igreja Adventista do 7º Dia, Igreja Evangélica da Confissão Luterana no Brasil, Igreja Evangélica Luterana do Brasil, Igreja Batista, Assembleia de Deus e mais de uma dezena de igrejas pentecostais.

No tocante a folclore, são realizados bailes e outros eventos culturais desenvolvidos por associações desportivas e culturais. Em 1959, conforme o IBGE, a cidade possuía um cinema, o Cine Teatro Cacique, com 225 lugares, e o jornal semanário *A Voz da Fronteira*. Atualmente, conta com o Cine Peperi, um dos mais modernos de Santa Catarina, jornais semanários, portais de notícias pela internet e quatro emissoras de rádio.

A CRIAÇÃO DO TERRITÓRIO DO IGUAÇU

Um decreto assinado pelo presidente Getúlio Vargas em 21 de setembro de 1943 criou o Território do Iguaçu, englobando parte do Paraná e parte de Santa Catarina, na área de fronteira. O território foi criado por questões de segurança nacional. O decreto também criou os territórios federais do Amapá, Rio Branco, Guaporé e Ponta Porã.

D. Laudimia Trotta, primeira dama, Major Frederico Trotta, governador, com secretários e motoristas do Exército. Fonte: Relatório Trotta[39]

No dia 13 de setembro, foi elaborado o decreto criando o Território Federal do Iguaçu, com uma área de 65 mil quilômetros quadrados, abrangendo 44 mil quilômetros quadrados do Paraná e 21 mil quilômetros quadrados de Santa Catarina. O território era formado pelos municípios de Foz do Iguaçu, Clevelândia, Mangueirinha e Chapecó, onde se inseria a Vila Oeste.

---

[39] Os relatórios, nos estados, eram feitos anualmente pelos governadores e encaminhados à Assembleia Legislativa respectiva. No caso do Território do Iguaçu, era enviado anualmente ao presidente da República.

Em 16 de dezembro daquele ano, o decreto 6.117/43 estabeleceu as normas de colonização a serem seguidas no território. A cidade de Laranjeiras do Sul, que inicialmente não pertencia ao território, foi incluída e escolhida como capital, por ser a cidade mais estruturada e com uma boa ligação por rodovia até o Rio de Janeiro.

Local onde funcionou o Cine Cacique. Acervo: Museu Municipal

O território só foi instalado em 6 de janeiro de 1944, sendo nomeado João Garcez do Nascimento, um major da confiança do presidente Getúlio Vargas, como o primeiro governador.[40]

A população que vivia nas regiões onde foi criado o Território Federal do Iguaçu fazia queixas permanentes sobre o abandono pelo governo de Santa Catarina (PRIORI, 2012). *"Era uma região desamparada, sem comunicação e sem defesa, que poderia facilmente sofrer uma invasão estrangeira. [...] O sertão do Brasil, ou o interior, estava abandonado, despovoado e indefeso. Foi diante desse cenário que surgiu no governo Vargas o Território Federal do Iguaçu."*

---

[40] PRIORI, A. **História do Paraná**: séculos XIX e XX. O Território Federal do Iguaçu. Maringá, 2012, p. 59-74.

O último governador foi o major Frederico Trotta. Ele foi nomeado em 6 de fevereiro e assumiu em 5 de março, na capital Iguassú [a grafia era com dois "esses"], atual município de Laranjeiras do Sul.

Governador Frederico Trotta

VILA OESTE PODERIA TER SIDO MONTE CASTELO

O município de São Miguel do Oeste poderia ter sido criado em 29 de setembro de 1946, com outro nome. Antes mesmo da criação do distrito vinculado a Chapecó, foi elaborado um projeto para a criação do município de Montese, e encaminhado ao governo federal, a quem cabia a criação de municípios nas áreas dos territórios, como era o caso do Território do Iguaçu.

Uma primeira proposta, apresentada em março de 1944, não foi aprovada. O anteprojeto anterior para a criação do município foi apresentado pelo governador major Garcez, mas não chegou a ser aprovado, passando por várias alterações.

Primeira escola e capela, à direita. Acervo: Museu Municipal

Dois anos depois da primeira tentativa, a proposta de criação do município de Montese, mudado para Monte Castelo, foi considerada uma *"necessidade urgente"*, aprovada e marcada a data para instalação, em 29 de setembro de 1946, Dia do Padroeiro, São Miguel Arcanjo. Segundo o governador, até as autoridades do município de Chapecó concordaram com satisfação com a proposta de divisão territorial. O governador, Frederico

Trotta, até já havia marcado viagem para a Vila Oeste, para participar da instalação do município de Monte Castelo:

> É preciso levar em conta o aumento considerável de população do Município de Chapecó, principalmente proveniente do afluxo de numerosas famílias rio-grandenses em busca dessas terras férteis e confiantes no amparo governamental (TROTTA, 1946).

O governador encaminhou o novo projeto com a ressalva de que o nome poderia ser alterado. O projeto foi aprovado, mas o nome foi mudado de Montese para Monte Castelo. Trotta, no dia 21 de maio, encaminhou ao presidente Eurico Gaspar Dutra um ofício contendo o processo DIJ--DT/863/45, com o projeto de Divisão Administrativa, criando o município na região da Vila Oeste, onde depois seria criado o município de São Miguel do Oeste (RELATÓRIO TROTTA, 1946).

Instalação da delegacia regional. Acervo: Inilde Ferro/Foto Andrin

No ofício ao presidente, o governador explica que o nome era uma lembrança da batalha do Brasil na Segunda Guerra Mundial, recém-terminada, vencida pelos expedicionários da FEB, na Itália.

> *A criação de um novo município a que demos o nome de Montese (O Conselho Nacional de Geografia poderá escolher outro) [...] com sede na Vila Oeste, tornará muito mais fácil a administração dessa rica porção de terras do Território, dividirá o serviço de Justiça de forma a torná-la mais rápida e trará maiores facilidades ao povo, aos agricultores e à repressão do contrabando.*

Ainda no ano de 1946, antes mesmo de ser distrito de Chapecó, a Vila Oeste ganhou status de centro importante para o desenvolvimento da região. O governador do Território do Iguaçu instalou na comunidade a 5ª Delegacia Regional de Polícia de Vila Oeste.

Na fotografia que registrou o ato no dia 10 de julho de 1946, aparecem algumas lideranças da comunidade, como Josué Annoni, Albino Schimith, Oswaldo Goelzer, o médico Maximino Guedes Resende, o tenente Manoel de Moraes, o futuro prefeito Hélio Wassun, o futuro prefeito Pedro Waldemar Ramgrab, o padre Aurélio Canzi e o tabelião Theobaldo Dreyer.

Área central de Vila Oeste. Acervo: Museu Municipal

Onze dias antes da data marcada para a instalação, a criação do novo município foi cancelada, frustrando o sonho do povo de Vila Oeste. O projeto foi cancelado pela extinção do Território do Iguaçu, em 18 de setembro, pela Assembleia Nacional Constituinte de 1946.

A CRIAÇÃO DA SOCIEDADE AMIGOS DA VILA OESTE

Em 21 de agosto de 1949, alguns moradores de Vila Oeste, que ainda pertencia ao Distrito de Mondaí, decidiram criar a Sociedade Amigos de Vila Oeste, com o objetivo de buscar a criação de um distrito próprio. As discussões aconteciam no Bar Farroupilha, que depois passou a chamar-se Bar Guarani, e que funcionava na esquina da Rua Duque de Caxias com a Almirante Tamandaré. O local pertencia à Família Neiss. Esse era o local onde se fomentavam as discussões políticas na Vila Oeste.

Bar Farroupilha em 1947. Fonte: Museu Municipal

No dia da fundação, os principais líderes se reuniram no Salão Paroquial e fundaram a entidade. O propósito era defender os interesses da comunidade, na busca pela criação do distrito e, mais tarde, a criação de um município. Para dirigir a Sociedade Amigos de Vila Oeste, foram escolhidos os membros da diretoria: João Batista Zecca, de Chapecó, como presidente de honra; João Batista Machado Vieira, como presidente; Leopoldo Olavo Erig, como vice-presidente; o padre Aurélio Canzi, como primeiro secretário; Romeu Granzotto, como segundo secretário; Olímpio Dal Magro, como tesoureiro; e Francisco de Assis Maineri, como orador oficial. Como membros do Conselho Fiscal foram eleitos Henrique Jacob Lohmann, Pedro Mallmann, Theobaldo Dreyer, Máximo Rigodanzo, Procópio Rodrigues da Silva, Moysés Machado Vieira, Hermínio Guerino Luzzi, Pedro Waldemar Rangrab e Luiz Abelardo Daniel (IBGE, 1959).

Leopoldo Olavo Erig. Acervo: Inilde Ferro/Foto Andrin

No mesmo ato, foi nomeada uma comissão constituída por Olímpio Dal Magro, Leopoldo Olavo Erig, Theobaldo Dreyer, Pedro Waldemar Rangrab, Pedro Mallmann, Eugênio Canzi, Moysés Machado Vieira e Hermínio Guerino Luzzi, que, junto às autoridades municipais de Chapecó, pleiteavam a concretização dos anseios da população.

A Constituição Estadual aprovada em 1946 previa como condição para a criação de um novo município a existência de uma população de no mínimo 10.000 habitantes. No final da década de 1940, Vila Oeste tinha apenas 200 eleitores. A estratégia e a união das lideranças, de qualquer forma, acabou dando certo, com a criação do distrito de São Miguel do Oeste, o 15º Distrito de Chapecó e, quatro anos mais tarde, a emancipação político-administrativa, com a criação do município. O objetivo maior era a criação do distrito (DE BONA, 2004).

A ata da fundação relata que "ante grande massa popular, abriu a seção o senhor João Batista Machado, que explicou aos presentes qual o objetivo da reunião". O padre Aurélio reforçou as finalidades da Sociedade Amigos da Vila Oeste, explicando que o objetivo era unicamente defender os interesses coletivos da população local e a criação do distrito de Vila Oeste.

Campanha eleitoral do PSD em 1949. Fonte: Museu Municipal

A sociedade deveria agir independentemente de religião e de política, sendo criada para defender dentro do direito e da justiça as aspirações coletivas do povo. Ao fim da exposição, o padre Aurélio foi muito aplaudido. Logo depois, Leopoldo Olavo Erig usou a palavra convocando as pessoas a se unirem em torno do objetivo de criar o distrito. Por aclamação, foi eleita a primeira diretoria.

Devido ao apoio recebido das autoridades de Chapecó, a Sociedade Amigos de Vila Oeste decidiu, por unanimidade, apoiar apenas um candidato na eleição seguinte, para prefeito. Olavo Erig foi o escolhido para representar a Vila Oeste na Câmara de Vereadores de Chapecó na eleição de 1950, concorrendo como candidato único e sendo eleito para o cargo.

Com a organização e o apoio recebido, a primeira proposta obteve êxito com a promulgação da Lei Municipal n.º 25.A, de 21/12/1949. Foi criado em Vila Oeste o 15º Distrito de Chapecó, que passou a chamar-se São Miguel do Oeste, unindo o nome da vila e do santo padroeiro, com território desmembrado de Mondaí, sendo primeiro intendente exator João Batista Machado Vieira, sucedido, em 1950, por Generoso Rodrigues de Moraes, que foi substituído por Avelino de Bona, nomeado no dia 2/2/1951, pelo então prefeito de Chapecó, José Miranda Ramos.

A Lei n.º 133, de 20/12/1953, aprovou a Resolução n.º 10 da Câmara Municipal de Chapecó, então presidida por Serafim Enoss Bertaso, e foi o ápice do movimento emancipacionista, que teve em Leopoldo Olavo Erig, comerciante e vereador do PSP, seu baluarte.

VICE-PRESIDENTE NA INSTALAÇÃO DO DISTRITO

Aos 12 de julho de 1950, ocorreu a instalação do distrito de São Miguel do Oeste, que foi assistida pelo vice-presidente Nereu Ramos.

Professora Mari Bregola, durante a solenidade. Acervo: Foto Andrin

Uma missa campal, com a presença de 5 mil pessoas, foi oficiada pelo padre Aurélio, em homenagem ao vice-presidente e em comemoração pela instalação do distrito. A instalação oficial foi presidida pelo juiz de direito de Chapecó. Durante os discursos, os líderes locais e o padre pediram a implantação de uma linha telegráfica, ligando São Miguel do Oeste aos demais municípios do estado.

Ao meio-dia, Nereu Ramos foi recepcionado no salão paroquial, com um almoço, enquanto nas proximidades era servido um churrasco para os moradores. Terminado o almoço, Nereu Ramos visitou o Hospital Sagrado Coração de Jesus, sendo recepcionado pelo médico Guilherme Missen. O hospital, no ano seguinte, em 1951, seria entregue para a administração das irmãs da Congregação Jesus Maria José. A ata da instalação do distrito foi assinada por Dario Maciel, cartorário de Chapecó, nomeado secretário para o ato, com o vice-presidente da República, Nereu Ramos, e um grande número de autoridades estaduais estiveram presentes, segundo De Bona (2004).

Guilherme Missen desempenhou papel relevante na área de saúde no município, desde sua chegada quando a comunidade ainda era identificada como Vila Oeste. Construiu o Hospital Missen, que nos anos 2000 foi transformado no atual Casa Vitta, com novos sócios e administradores. O fundador morreu em 1984, ao sofrer um ataque cardíaco fulminante, aos 64 anos. O seu sepultamento foi acompanhado por mais de duas mil pessoas (O CELEIRO, 1984, p. 1).

O DIA EM QUE BANDEIRANTE FOI INVADIDA

A colonização da região do atual município de Bandeirante já havia iniciado por volta de 1935. O local fez parte da área da Vila Oeste, do distrito de São Miguel do Oeste e se transformou em distrito, antes do desmembramento definitivo para se transformar num novo município.

Aquele parecia ser apenas mais um dia comum para os moradores da pacata Bandeirante, comunidade que fazia parte do distrito de São Miguel do Oeste, em 1952. Era o dia 24 de janeiro e só parecia ser um dia comum.

Os habitantes de Bandeirantes (era assim, no plural) foram surpreendidos por dois policiais argentinos, lá chamados de gendarmes, que saíram de San Pedro, atravessaram toda a mata que cobre a região até a fronteira com o Brasil, atravessaram o rio Peperi, e invadiram o território brasileiro à procura de dois suspeitos de crimes cometidos no vizinho país.

A chegada dos colonos em Bandeirante. Acervo: Rui Luchesi

Um dos supostos criminosos era brasileiro e a polícia argentina não poderia ter invadido o território do Brasil. Mas os gendarmes fizeram mais. Eles entraram no Brasil a cavalo, prenderam os dois moradores de Bandeirante e os levaram presos, andando a pé, adiante deles, para estupefação dos moradores do pacato povoado, situado a 20 quilômetros da fronteira.

O fato foi denunciado e transformou-se num incidente diplomático, sendo noticiado em quase todos os estados do Brasil, pelos principais jornais da época. O extinto *Correio da Manhã*[41], do Rio de Janeiro, noticiou que os gendarmes chegaram a Bandeirantes e, então, deixaram as montarias e, utilizando-se de um caminhão cedido pelo comerciante Vanny Massoni, saíram em perseguição aos dois brasileiros, que foram por eles presos na Grápia, a cerca de 10 quilômetros da sede do distrito.[42]

Diante de tão inusitada situação, o caboclo Martim Maciel montou em seu cavalo e, célere, cavalgou até o distrito de São Miguel do Oeste, comunicando o fato ao delegado Pedro Maciel. Foi organizado um grupo de 20 homens armados, que saiu em perseguição aos gendarmes, regressando à Vila após horas de buscas, sem encontrar nem os invasores, nem os presos.

O fato causou revolta na vila e o secretário de Segurança de Santa Catarina veio até São Miguel do Oeste, onde foi instaurado um inquérito, após reunir-se com o prefeito de Chapecó, José de Miranda Ramos[43]. Logo após esse encontro, José de Miranda Ramos seguiu para a fronteira, acompanhado do capitão Líbero de Camilo, do inspetor de Armas e Munições do município e de um sargento e um praça da Polícia Militar.

A Câmara de Vereadores de Chapecó transmitiu telegrama ao presidente Getúlio Vargas e à Câmara dos Deputados, dando conta do acontecido, por solicitação do vereador Olavo Leopoldo Erig, representante de São Miguel do Oeste no Legislativo.

O inquérito policial confirmou a invasão e a prisão ilegal de Alcides Gonçalves, vulgo Cidoca, e de um tcheco de nome Julio Eelegda[44], que eram perseguidos em território argentino, por solicitação de Osmar Rieri, que esteve em Bandeirante com os gendarmes.

O Itamaraty foi acionado e o governo do presidente Getúlio Dorneles Vargas exigiu explicações do governo da Argentina e a devolução dos presos.

---

[41] CORREIO DA MANHÃ. **Ed. de 12 de fevereiro de 1952**, p. 2. Rio de Janeiro, disponível na Biblioteca Nacional.

[42] DIÁRIO DE NATAL. **Ed. de 17 de fevereiro de 1952**, p. 1. Natal, disponível na Biblioteca Nacional.

[43] O JORNAL. **Ed. de 8 de fevereiro de 1952**, p. 1. Rio de Janeiro, disponível na Biblioteca Nacional.

[44] DIÁRIO DA NOITE. **Ed. de 9 de fevereiro de 1952**, p. 1. Rio de Janeiro, disponível na Biblioteca Nacional.

CRIAÇÃO DO MUNICÍPIO DE SÃO MIGUEL DO OESTE

Conforme o histórico divulgado pelo IBGE, a instalação oficial de São Miguel do Oeste, em 15 de fevereiro de 1954, foi simples se comparada às comemorações da instalação do distrito. Aos atos oficiais realizados na antiga Churrascaria Damian não compareceram autoridades estaduais. Poucas pessoas prestigiaram o evento.

Leopoldo Olavo Erig, que foi escolhido para ser nomeado como prefeito provisório, lembra que naquela data, além dos pronunciamentos de Tadeu Bregola e Rineu Granzotto, foi conferido discurso dizendo da intenção à frente do novo município. No dia da posse do primeiro prefeito, foi realizado um desfile, com tratores, caminhões, automóveis, pessoas a cavalo e a pé (LARENTES DA SILVA, 2004).

Batista Predebon e a máquina para construir aeroporto. Acervo da família

Apesar da satisfação pela conquista, o pouco brilho da festa de instalação pareceu demonstrar que, tanto quanto os novos administradores, a população também estava mais preocupada com os próximos desafios. Tudo teria que ser iniciado do ponto zero. Sem receber recursos ou patrimônio do município de Chapecó, foram dados os primeiros passos para o funcionamento da prefeitura. Providências que incluíam a locação de parte de um galpão de propriedade de Ângelo Guardini e a aquisição dos primeiros materiais, o mínimo necessário para iniciar os trabalhos.[45]

De acordo com o histórico de São Miguel do Oeste do IBGE, a escolha do primeiro governante foi objeto de análise das principais lideranças do novo município. Antes de ser realizada a primeira eleição, o município foi instalado oficialmente e o vereador Leopoldo Olavo Erig, que se destacara na luta pela emancipação, foi o indicado para exercer o mandato até a posse do primeiro prefeito eleito.

As discussões que culminaram com a indicação de Erig ocorreram após o governador Irineu Bornhausen enviar um representante para sondar a opinião das principais lideranças de São Miguel do Oeste para o preenchimento do cargo de prefeito provisório.

Prefeito eleito Olímpio Dal Magro, em campanha. Acervo: Museu Municipal

---

[45] IBGE. Disponível em: https://biblioteca.ibge.gov.br/index.php/biblioteca-catalogo?view=detalhes&id=33784. Acesso em: 8 maio 2023.

O representante escolhido para agir em nome do governador foi Júlio Coelho de Souza, que procurou Olímpio Dal Magro, e, naquela ocasião, diversos partidos tinham interesse de formar diretórios na cidade. Depois da criação do município, todas as siglas começaram a se estabelecer em São Miguel do Oeste, inclusive a UDN, partido do governador. Leopoldo Olavo Erig foi o escolhido e tomou posse no cargo de prefeito interino no início do ano de 1954. Ele era o vereador eleito pelo distrito, tendo sido escolhido como candidato único da Vila Oeste, quando foi fundada a Sociedade Amigos de Vila Oeste, e assumiu o compromisso de lutar pela criação do distrito e, depois, a criação do município.

Apontado como uma das pessoas que mais contribuiu para a emancipação, o próprio Leopoldo analisou a importância do seu trabalho no processo emancipatório. Ele contou como foi a luta pela emancipação:

> É difícil avaliar, porque uma campanha, apesar de liderada por uma pessoa, precisa a colaboração de todos. Assim, depois de criado o distrito, a emancipação e a criação do município de São Miguel do Oeste contou com apoio de muita gente. Posso citar Olímpio Dal Magro, Theobaldo Dreyer, Waldemar Ramgrab, Pedro Mallmann e outros, além, é claro, da população que contribuiu com seu apoio pessoal ou material. Mas, na condição de vereador do município de Chapecó, estive à frente, porque lá foi que concretizamos nossa intenção (SPENASSATTO, 2008).

A POLÍTICA DOS PRIMEIROS ANOS

Passada a euforia após a criação do distrito e depois da emancipação do município, começou a caminhada pela estruturação de São Miguel do Oeste. Leopoldo Olavo Erig assumiu e o novo município não tinha nem caneta, papel ou dinheiro para as despesas mais básicas.

Nomeado pelo governador Irineu Bornhausen para o exercício interino do cargo até a eleição, Erig assumiu a administração do município. O decreto de nomeação foi assinado no dia 1º de fevereiro de 1954. Ele foi empossado durante um jantar na capital do estado, no dia 9, e a instalação oficial do município de São Miguel do Oeste ocorreu no dia 15 de fevereiro.

Jantar de posse de Erig (RODRIGUES, 2004)

O novo prefeito disse, mais tarde, numa entrevista em 1977, que não recebeu absolutamente nada. *"Não havia dinheiro nem para comprar vassoura. Me lembro que alugamos o galpão do senhor Ângelo Guardini para lá instalar a prefeitura"* (RODRIGUES, 2004, p. 58). Erig priorizou a cobrança de impostos e a estruturação do município, antes de renunciar em agosto para concorrer a deputado estadual. Ele deixou dinheiro em caixa.

Vista do município recém-emancipado em 1955. Acervo: Inilde Ferro/Foto Andrin

Leopoldo Erig se elegeu deputado e logo depois renunciou para assumir como juiz do Tribunal de Contas do Estado, chegando a vice-presidente e presidente do TCE, antes de se aposentar em 1973.

Com a renúncia de Erig, Walnir Bottaro Daniel assumiu interinamente o cargo de prefeito. O segundo interino foi nomeado em 14 de agosto de 1954 e ficou poucos meses no cargo, já que as primeiras eleições para prefeito ocorreram em 3 de outubro de 1954. Ele era natural de Quaraí e nasceu em 30 de março de 1922. Ele era prefeito e concorreu a vereador em 3 de outubro de 1954, sendo o segundo mais votado, com 162 votos.

Walnir Bottaro Daniel era o administrador da Sican (Sociedade Indústria e Comércio Aparício Nunes Ltda), que sucedeu a colonizadora Barth, Annoni e Cia Ltda. A empresa possuía várias serrarias e geradores de eletricidade, que forneciam energia elétrica para a cidade (RODRIGUES, 2004). O segundo prefeito interino ficou três meses no cargo e, nesse período, trabalhou para melhorar o fornecimento de energia elétrica e iniciou a implantação da praça Ipiranga, que hoje leva seu nome. Walnir Daniel faleceu prematuramente, em 18 de outubro de 1955, em Porto Alegre, devido a um infarto fulminante, quando acompanhava um tratamento de saúde de sua esposa.

A PRIMEIRA ELEIÇÃO PARA PREFEITO

A campanha eleitoral de 1954 foi muito diferente de qualquer outra ocorrida posteriormente. Olímpio Dal Magro era o primeiro presidente do diretório municipal da UDN, função que desempenhou até 1964. Seu nome surgiu como unanimidade na primeira eleição para prefeito de São Miguel do Oeste entre os udenistas. Ele era apontado como o único capaz de enfrentar a candidatura de Ernesto Giehl, que concorria pela coligação PSD, PTB, PL e PSP.

Giehl e Dal Magro. Acervo: Maria Predebon e Ruy Luchesi

Os dois candidatos eram compadres e a eleição transcorreu em clima de camaradagem. Conforme Rodrigues (2004, p. 70), *"no começo do dia, antes de sair a campo, Dal Magro e Giehl tomavam chimarrão juntos e ao final da tarde, depois de um dia de muitas visitas, os candidatos que eram amigos e compadres, se encontravam para conversar. [...] No dia da eleição, quando visitavam as sessões eleitorais, se encontraram ao meio dia em Guaraciaba e, surpreendendo os eleitores, resolveram almoçar juntos..."*.

Na eleição, dos 1.811 eleitores inscritos, votaram 1.734. O prefeito eleito foi Olímpio Dal Magro, com 1.107 votos. Seu oponente, Ernesto Giehl, teve 576 votos. Para a Câmara de Vereadores, foram eleitos Aloísio Arsênio Klein, Arvin Wrasse, Avelino de Bona, Padre Aurélio Canzi, Pedro Waldemar Rangrab, Vany Massoni e Walnir Bottaro Daniel. Olímpio Dal Magro assumiu em 15 de novembro de 1954, e montou sua equipe de trabalho com

Avelino de Bona, Any Antônio Chittó, Terezinha Guardini, Emílio Schlabitz, substituído mais tarde por Nadir Barichello, e Odilon de Oliveira.

Comemoração da vitória de Dal Magro. Acervo: Inilde Ferro/Foto Andrin

No mandato de Olímpio Dal Magro, foram instalados os colégios Peperi e Jesus Maria José, que à época levava o nome de Colégio São José. Também foram implantadas as leis que organizaram os primeiros passos do novo município.

Na foto, Olímpio Dal Magro, João Zago, Odilon de Oliveira, Luiz Abelardo Daniel, Davi Lindenmayr e João Gheno. Acervo: Maria Dal Magro Predebon

Dal Magro considerou como maior desafio enfrentado pela administração do município a falta de recurso nos anos iniciais (RODRIGUES, 2004, p. 71). Mesmo assim, isentou de impostos as atividades e profissionais que exerciam atividades pioneiras no município, como forma de fomento e fixação de negócios que pudessem promover o desenvolvimento de São Miguel do Oeste.

Comércio na Santos Dumont com Sete de Setembro. Acervo: Tarciso Tengaten

No final de seu mandato, por meio do Decreto n.º 2.068, assinado pelo governador Heriberto Hülse, São Miguel do Oeste assumiu contornos de polo regional, ao sediar a 15ª Região Policial, com jurisdição sobre os municípios de Itapiranga, Mondaí, Descanso, São José do Cedro, Dionísio Cerqueira e São Lourenço do Oeste.

A POSSE E RENÚNCIA DE AVELINO DE BONA

Avelino de Bona foi nomeado intendente exator de São Miguel do Oeste pelo prefeito de Chapecó, José de Miranda Ramos, logo após a criação do distrito. Nascido em 2 de maio de 1927, na localidade de Santa Helena, em Foz do Iguaçu, era filho de Segundo de Bona e Maria Taffarel de Bona.

Como presidente da Câmara, ele administrou o município interinamente, durante alguns meses, em 1956. Como secretário de Administração, Avelino de Bona integrou o governo do prefeito provisório Leopoldo Olavo Erig.

De acordo com a Enciclopédia dos Municípios Brasileiros (IBGE, 1959), em 1958, o eleitorado de São Miguel do Oeste era de 3.587 eleitores. Havia no município 50 bicicletas e 350 carroças. Também havia 19 automóveis, 24 jipes, 5 ônibus e micro-ônibus, 14 camionetas, 2 motociclos, 103 caminhões e 8 tratores. São Miguel do Oeste já dispunha de um campo de aviação para o pouso de aviões.

Transporte por meio de carroças, na década de 1950. Fonte: IBGE

Avelino de Bona elegeu-se para o cargo de prefeito, em 30 de agosto de 1959, quando obteve 1.627 votos, contra 1.540 de Baldoino Stringhini. Eleito com uma margem de apenas 87 votos, foi empossado no dia 15 de novembro, numa cerimônia realizada no Cine Cacique.

Durante o decorrer de seu mandato, foi realizada a eleição para a Câmara de Vereadores, em 1962, mudando a configuração do poder político do município. De Bona perdeu a maioria na Câmara e passou a enfrentar forte oposição, que fazia críticas severas ao seu governo.

Em 22 de maio de 1963, Avelino de Bona renunciou ao cargo alegando problemas de ordem pessoal. Ele deixou como obras mais relevantes o início da urbanização do município, com a realização de várias melhorias nas ruas da cidade, o projeto para criação do Ginásio Municipal Peperi, do Aeroporto Municipal e do Estádio do Guarani (RODRIGUES, 2004, p. 76). Também esteve entre as suas principais obras a PCH Salto das Flores e a criação do Cime (Consórcio Intermunicipal de Energia Elétrica).

Ata da posse de Avelino de Bona. Fonte: Câmara de Vereadores

O prefeito Avelino de Bona apostou suas fichas no desenvolvimento do novo município a partir da solução para o problema energético, que era a maior demanda dos empresários. Sem rede de energia elétrica, os madeireiros, principais geradores de empregos, tinham que recorrer a quedas de água ou a geradores de eletricidade a diesel, o que era excessivamente oneroso.

A solução encontrada foi a criação de um consórcio de municípios que pudesse buscar recursos federais e estaduais para investir na construção de usinas hidrelétricas. A proposta imediatamente ganhou a adesão de toda a região, com a criação do Cime (Consórcio Intermunicipal de Energia). Várias usinas foram projetadas para a fronteira, como é o caso da Usina Hidrelétrica do Rio das Flores, em São Miguel do Oeste, que recebeu um aporte de Cr$ 4 milhões, destinados pelo governo do estado, em cooperação com a prefeitura.

O município de Descanso recebeu Cr$ 500 mil para o aproveitamento do Salto do Rio Famoso, também em convênio com o governo do estado (O ESTADO, 1958). Situação semelhante aconteceu com o município de Dionísio Cerqueira, que também recebeu Cr$ 500 mil para a construção da usina do Salto do Chicão, no distrito de Palma Sola.

Avelino de Bona. Acervo: Valmor de Bona

A proposta do CIME era de construir várias hidrelétricas que pudessem atender à demanda dos municípios de São Miguel do Oeste, São José do Cedro, Dionísio Cerqueira, Descanso, Mondaí, Itapiranga, Maravilha e Cunha Porã, e foi publicada também num relatório da Celesc, em 1961, quando a empresa fazia as projeções do Plano Estadual de Energia Elétrica (O ESTADO, 1961).

Avelino de Bona (ao centro) durante evento em 1973. Acervo: Valmor de Bona

A criação e funcionamento do Cime acabou gerando ações judiciais que se arrastaram por mais de 20 anos, envolvendo as prefeituras da região. O antigo Banco Nacional de Habitação ingressou na justiça para cobrar os valores que as prefeituras não depositaram referentes ao consórcio, cujo montante superava Cr$ 2,5 milhões no início da década de 1980 (CORREIO RIOGRANDENSE, 1983, p. 22), sem a inclusão de custas judiciais e honorários advocatícios.

A POSSE DE PEDRO WALDEMAR RAMGRAB

O terceiro prefeito eleito de São Miguel do Oeste, Pedro Waldemar Ramgrab, tomou posse no dia 31 de janeiro de 1966, em solenidade na Câmara de Vereadores (CORREIO RIOGRANDENSE, 16/3/1966, p. 8). Ele foi eleito em 3 de outubro do ano anterior, obtendo 1.968 votos contra 1.323 obtidos por Luiz Abelardo Daniel. Durante a solenidade de posse, o pároco Aurélio Canzi proferiu um discurso, lembrando as administrações passadas. Ele falou também das fortes chuvas que ocorreram na região, que por diversos meses castigaram a fronteira, tornando as estradas do interior quase intransitáveis. Por essa razão, Ramgrab chegou a reduzir as obras de calçamento nas ruas da cidade para dar prioridade ao interior, onde aplicou os parcos recursos disponíveis na prefeitura.

Ramgrab na cascata do Rio Famoso. Acervo: Tarciso Tengaten

Embora enfrentando dificuldades, em menos de 30 dias o prefeito inaugurou a escola municipal da Linha Getúlio Vargas, "com o padrão das escolas estaduais", e deu continuidade ao projeto de investir no interior. Também investiu na busca de um serviço de telefonia, já que o sistema disponível era precário e quase sem utilidade, carecendo de permanentes reparos.

Na política, desde os primeiros dias de mandato, enfrentou forte oposição na Câmara, com debates acalorados e grande público acompanhando as sessões. A disputa era tanta que chamou atenção até de jornais de fora de Santa Catarina, que noticiavam os embates em São Miguel do Oeste.

> As sessões da Câmara Municipal, vem sendo calorosamente assistidas pelos munícipes confiantes na gestão "Waldemar" — A título de curiosidade, podemos informar aos leitores dêste Jornal, que as Sessões do Poder Legislativo dêste Município, desde a sua instalação, nunca tiveram uma presença tão acentuada de espectadores, conforme ocorre atualmente.

Correio Riograndense *de 23 de março de 1966, p. 12*

Foi durante sua gestão que São Miguel do Oeste foi escolhida Município Modelo de Santa Catarina. Suas contribuições mais significativas foram a conclusão da Avenida Getúlio Vargas, a sinalização do trânsito, a estrada ligando à Argentina, a praça central, a aquisição do prédio da prefeitura e a construção do fórum da comarca.

Em seu mandato, acabou substituído por Nilton Castanheira, por motivos de tratamento de saúde, e o substituto, em um ano à frente da prefeitura, teve como grande realização a inclusão de São Miguel do Oeste em duas rodovias federais, a BR-163 e a BR-282. Ernesto Giehl e posteriormente Leolino João Baldissera concluíram o restante do mandato, quando ainda faltavam seis meses, tempo esse em que assinaram as obras de ligação de água na cidade, pela Casan.

VINTE ANOS SEM ELEIÇÕES PARA PREFEITO

Pedro Waldemar Ramgrab foi o último prefeito eleito de São Miguel do Oeste antes do processo de redemocratização do Brasil, em 1985. Durante esses 20 anos, as eleições para prefeito foram suspensas por ato do presidente da República, sendo empossados prefeitos indicados pelo governador.

Em 1968, o presidente Arthur da Costa e Silva encaminhou ao Congresso Nacional um projeto de lei que declarou área de interesse para a segurança nacional 67 municípios brasileiros, nos quais os prefeitos passariam a ser nomeados pelo governador do estado, após prévia autorização do presidente da República. Em Santa Catarina, deixaram de ter eleições para prefeito todos os municípios da faixa de fronteira, que nessa época era formada por Itapiranga, Descanso, São Miguel do Oeste, São José do Cedro e Dionísio Cerqueira, além da capital do estado, Florianópolis.

Rua Almirante Tammandaré, em 1968. Foto Andrin

Após ter sido considerado Área de Segurança Nacional em 9 de maio de 1970, assumiu a prefeitura o prefeito nomeado Hélio Wassun. Ele foi o escolhido pelo governador de Santa Catarina, Ivo Silveira, tendo permanecido no cargo até 15 de março de 1975.

No dia 4 de maio de 1970, em solenidade presidida pelo governador Ivo Silveira, às 16 horas, no Palácio dos Despachos, foram empossados os prefeitos dos municípios considerados de interesse da Segurança Nacional, situados na área de fronteira (O ESTADO, 1970). Foram empossados Hélio Wassun, em São Miguel do Oeste; Olavo Rech, em Dionísio Cerqueira; e Gilberto José Gölke, em Itapiranga. Durante a posse, o governador Ivo Silveira disse que a escolha dos prefeitos passou pela aprovação do presidente da República, Emílio Garrastazu Médici. No governo de Hélio Wassun, deu-se a construção do parque de exposições da Faismo e da Delegacia Regional de Fronteira, a ampliação do aeroporto e a criação da Funesc (Fundação Universitária do Extremo Oeste de Santa Catarina), entidade que buscava para São Miguel do Oeste a instalação de cursos de nível superior.

Prefeito Hélio Wassun. Acervo: Maria Predebon

No lugar de Hélio Wassun, assumiu Oswaldo Gruber, permanecendo no cargo até 15 de agosto de 1975, data em que tomou posse Ademar Quadros Mariani. O novo prefeito nomeado arborizou a Praça Walnir Bottaro Daniel e muitas ruas centrais, além de ter asfaltado a primeira quadra do perímetro urbano, na Rua Duque de Caxias.

Foi durante o governo de Ademar Mariani que o Bamerindus instalou sua agência na cidade.

Em 22 de janeiro de 1980, foi designado pelo governador, Jarcy Antonio De Martini, prefeito que canalizou o lajeado Guamirim e construiu a Praça do Expedicionário, posteriormente denominada Praça Belarmino Annoni. Durante o seu governo, São Miguel do Oeste foi eleita a cidade que mais construía no estado, reservados os dados proporcionais.

Foi substituído em 8 de setembro de 1984 por Augusto Paulo Zorzo, o último prefeito nomeado. Durante o seu mandato, foi concluído o atual prédio da prefeitura, sendo que o projeto inicial era de um Hospital Regional, concluído e depois alterado para sediar a administração do município.

Durante esse primeiro período de escolha democrática de prefeitos, além dos três eleitos — Olímpio Dal Magro, Avelino de Bona e Pedro Waldemar Ramgrab, outras lideranças assumiram interinamente o cargo, muitos na condição de presidentes da Câmara de Vereadores.

Tomaram posse como prefeitos provisórios Leopoldo Olavo Erig (de 15 de fevereiro a 13 de agosto de 1954) e Walnir Bottaro Daniel (de 14 de agosto a 14 de novembro de 1954).

Como prefeitos interinos, no afastamento dos titulares, tomaram posse os presidentes da Câmara, Firmino Dal Bosco (de 1º de janeiro a 1º de março de 1957); Leolino João Baldissera (de 16 de junho de 1963 a 15 de novembro de 1964); Alexandre Castelli (de 15 de novembro de 1964 a 31 de janeiro de 1966); e novamente Leolino Baldissera (de 3 de janeiro a 9 de maio de 1970). Leolino João Baldissera, como presidente da Câmara, voltaria a assumir a prefeitura em 22 de setembro de 1971 até 22 de novembro daquele ano.

Durante todo o período de existência do município, ocuparam o cargo de prefeito de São Miguel do Oeste, substituindo o titular, os interinos e nomeados Firmino Dal Bosco, Alexandre Castelli, Leolino João Baldissera, Nilton Castanheira, Ernesto Giehl, Hélio Wasum, Oswaldo Gruber, Ademar Quadros Mariani, Jarcy Antônio De Martini, Augusto Paulo Zorzo, Achylles Priori, Zilto Pedro Simioni, Airton José Macarini, Alcino Ecker, Armelindo Massocco, Maria Lúcia Werlang, Lirio Antônio Dalmina, Luiz Melo, Anacleto Ortigara, Moacir Martello, Vilson Watte, Wilson Trevisan e Edenilson Zanardi.

A ABERTURA POLÍTICA E A VOLTA DAS URNAS

A partir do processo de abertura, após as Diretas Já, com a extinção da Área de Segurança Nacional e a redemocratização do país, foram eleitos Luiz Basso, José Carlos Zandavali Fiorini, Gilmar Baldissera, João Carlos Valar, Nelson Foss da Silva e Wilson Trevisan.

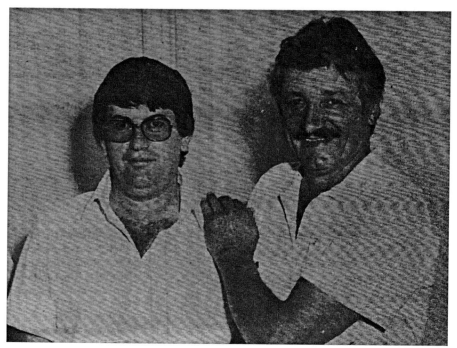

Paulo Zorzo transfere governo para Luiz Basso. Fonte: O Celeiro/1986

As primeiras eleições do novo momento democrático do município ocorreram em 15 de novembro de 1985. Luiz Basso, do PMDB, foi eleito com 10.982 votos. Lino Lindner, do PDS, recebeu 6.090 votos. Jarcy Antônio de Martini, do PDT, recebeu 1.231 votos. Domingos Zonin, que disputou a eleição pelo PT, conseguiu 1.187 votos.

No dia 1º de janeiro de 1986, o prefeito Luiz Basso assumiu o comando da prefeitura de São Miguel do Oeste. Suas principais obras foram a construção do campus da Unoesc, da Escola Agrotécnica Getúlio Vargas, da Feira Livre Municipal, de um pavilhão e do cartódromo no Parque de Exposições da Faismo; a reformulação do trevo da BR-282; a duplicação e iluminação da Avenida Willy Barth; e a instalação do IML.

Em 1989, José Carlos Fiorini venceu as eleições e assumiu o comando do município. Ele foi eleito com 5.591 votos. Em segundo lugar, ficou Eroni Foresti, do PDT, com 5.194. O terceiro colocado foi Antonio Pichetti, do PDS, com 4.948 votos. Em último ficou Adroaldo Licks, com 1.901 votos.

Entre as principais obras de José Carlos Fiorini, estão a construção da Ponte Internacional do rio Peperi, de três praças e do novo prédio da Polícia Militar, o acesso asfáltico para o frigorífico da Coopercentral (Aurora), o início das obras do frigorífico Safrismo (JBS) e o asfaltamento de centenas de ruas.

Em 1992, o ex-prefeito Luiz Basso, do PMDB, foi eleito para seu segundo mandato. Ele recebeu 8.001 votos. Em segundo lugar, ficou Eroni Foresti, que disputou a eleição pela coligação PDC/PDS/PFL/PTB e teve 6.875 votos. Em terceiro lugar, ficou Gilmar Baldissera, que concorreu pelo PL e ficou com 1.956 votos. O último colocado foi Jurandi Teodoro Gugel, do PT, que somou 1.156 votos.

Em 1996, as eleições foram vencidas por Gilmar Baldissera. O prefeito eleito fez 6.619 votos, concorrendo numa coligação de PDT/PL/PPB/PSDB. Em segundo lugar, ficou o ex-prefeito José Carlos Zandavalli Fiorini, do PMDB, com 5.466 votos. Em terceiro ficou o candidato do PFL, Maurício José Eskudlark, com 2.675 votos. Em último lugar, ficou Idelvino Luiz Furlanetto, com 1.649 votos.

Gilmar Baldissera teve como principal meta sanar as dívidas da prefeitura deixadas pela administração anterior. Iniciou obras de calçamento em 160 quadras, a construção do calçadão da Rua Almirante Tamandaré e de 76 abrigos de transporte urbano. Reequipou os bombeiros e destinou o lixo do município a um aterro sanitário.

Em 2000, foi eleito o prefeito João Carlos Valar. O novo prefeito ganhou as eleições com 9.885 votos, concorrendo pela coligação PMDB/PPS. Em segundo lugar, ficou Gilmar Baldissera, que disputou as eleições pela coligação PFL/PPB/PSDB e teve 7.332 votos. Em último, ficou Alcides Andrin, do PMN, com 207 votos.

Foi no governo de João Valar que o Hospital Regional saiu do papel, além do asfaltamento da BR-282 até a cidade de San Pedro, na Argentina, e a construção da calçada na Rua Waldemar Ramgrab e asfaltamento até as cidades de Bandeirante e Paraíso. Valar também ampliou o parque de exposições e o aeroporto municipal, tendo exercido a função de prefeito por dois mandatos, sendo reeleito em 2004. Nessa eleição, Valar obteve 8.607 votos, contra 6.932 de Gilmar Baldissera, e 4.001 votos de Vilmar Gobi, do PT.

Na eleição de 2008, o candidato do PT, Nelson Foss da Silva, foi o vencedor. Ele obteve 9.965 votos. Em segundo lugar, ficou Moacir Martello, com 9.081 votos. O último colocado foi Wilson Trevisan, que teve 2.386 votos. Nelson Foss da Silva, conhecido como Nelsinho, assumiu em 2009. Seu governo foi o que mais construiu creches e em seu governo foi instalado o IFSC e o Samu e inaugurado o Hospital Regional.

Em 2012, apenas dois candidatos concorreram. O ex-prefeito João Carlos Valar foi eleito com 13.399 votos, contra 9.063 votos de Nelson Foss da Silva. O vice-prefeito de Valar, Wilson Trevisan, em 2016 foi eleito prefeito com 6.887 votos, concorrendo pela coligação PC do B/PP/PPS/PSB/PSD. Em segundo lugar, ficou Aírton Fávero, que disputou a eleição pelo PMDB, coligado com o PTC, e obteve 5.578 votos. Em terceiro lugar, ficou José Carlos Gerhard, do PDT, com 5.042 votos. A candidata Cristiane Zanatta, da coligação PR/PSDB/PT, ficou em último com 3.848 votos.

Atualmente o prefeito é Wilson Trevisan, reeleito em 2020, com 14.443 votos, pelo PSD. Em segundo lugar, ficou João Carlos Grando, com 5.657 votos, concorrendo pelo PMDB, e em último ficou Adilson Pandolfo com 1.761 votos, concorrendo pelo PT. Entre as principais obras de Trevisan, estão as ligações asfálticas dos bairros ao centro da cidade, além de novos sistemas de iluminação e alterações no trânsito visando melhorar a mobilidade urbana.

ASSIM COMEÇOU A BR-282 NO EXTREMO OESTE

A ligação rodoviária no Extremo Oeste é um tema que vem sendo discutido há décadas em Santa Catarina. Inicialmente considerada uma rota destinada à integração do território, com o tempo essa ligação acabou ganhando importância para o desenvolvimento regional e a interligação de todo o Sul com o Centro-Oeste do Brasil e com os países do Mercosul.

Em 1967, a BR-282 foi iniciada. Fonte: revista Manchete

A situação das BRs 282 e 163 tem sido alvo de campanhas e lamentações da população, reclamações sempre dirigidas aos políticos. Essa história não é nova.

Durante o governo de Nereu Ramos, no ano de 1936, foi elaborado um Plano Rodoviário Estadual, que apontou estradas de primeira e segunda classe.

A BR-282, que já foi denominada BR-36, começou a ser projetada com mais seriedade em maio de 1918, pelo governador Felippe Schmidt. No dia 15 daquele mês, o jornal *Gazeta do Comércio*[46], de Joinville, publicou a informação:

> *Vai ser aberta concurrencia publica para a construção do trecho de estrada de rodagem entre Lages e Rio Canôas, neste Estado, estando em preparo o orçamento para a construção da estrada de Rio Canôas até a estação de Herval, na Estrada de Ferro São Paulo - Rio Grande; de Herval a mesma estrada seguirá para Xanxerê e dahi até o local denominado Barracão, na fronteira com a República Argentina.*

Felippe Schmidt prometia, nesse dia, deixar o governo com a obra contratada até Xanxerê e afirmava que essa estrada era muito importante para Santa Catarina. No relatório encaminhado à Assembleia Legislativa naquele ano, o governador informava ter destinado a quantia de 4 contos de réis para "concertos" na estrada de Xanxerê ao Porto Goio-En, em Chapecó, e 2 contos de réis para a estrada de Barracão ao Pepery, como era, à época, denominada a comunidade de Mondaí.

Passaram-se alguns anos, mudou o governador e a saga da construção da BR-282 continuou. O jornal *República*, de 22 de julho de 1924[47], noticiou em sua página 4 que, durante o ano de 1923 e o primeiro semestre de 1924, foram elaborados contratos para a construção de estradas de rodagem na região. Estavam sendo executadas obras em todo o estado, tendo sido recebidas algumas, já concluídas.

Durante esse período, diversas obras foram suspensas até segunda ordem. Entre estas, aparecem 25 quilômetros de rodovia, cujas obras foram suspensas entre Goio-En e o Passo dos Índios, que viria a ser, futuramente, a sede do município de Chapecó. E, também suspensas, as obras de implantação de 50 quilômetros entre o município de Cruzeiro, hoje Joaçaba, e o rio Peperi-Guaçu.

---

[46] GAZETA DO COMÉRCIO. **Ed. de 15 de maio de 1918**, p. 1. Joinville, disponível na Biblioteca Nacional.

[47] REPÚBLICA. **Ed. de 22 de julho de 1924**, p. 2. Florianópolis, disponível na Biblioteca Nacional.

Sem dinheiro para construir a estrada, o governo achou uma fórmula. Incluiu a obra como forma de pagamento das colonizadoras, pelo recebimento de terras devolutas. Assim, em 19 de setembro de 1926, ao assinar o contrato de concessão de terras da região de fronteira com a empresa americana *Brasil Development e Colonization Company*, sucessora da *Brazil Railway*, que construiu a Estrada de Ferro São Paulo-Rio Grande, o governo do estado incluiu a implantação da rodovia até a fronteira.

Estrada em Vila Oeste. Fonte: Relatório Trotta, 1945

O contrato teve seus detalhes definidos em 7 de janeiro de 1927[48]. Dessa forma, a colonização da região e a abertura da BR-282 foram acertadas num só contrato. Posteriormente, a *Brazil Development e Colonization Company* vendeu as terras da região para as colonizadoras que passaram a trazer para cá os colonos oriundos do Rio Grande do Sul.

A rodovia propriamente dita só viria a ser implantada a partir da segunda metade dos anos 1960. O jornal *Pioneiro* (PIONEIRO, 1967), de Caxias do Sul, noticiou que, no dia 14 de novembro, os prefeitos da Região Oeste de Santa Catarina se reuniram em Pinhalzinho, a fim de traçar as coordenadas de nova campanha pela continuidade das obras de asfaltamento da BR-282, partindo do litoral e ligando Lages, Xanxerê, Chapecó e São Miguel do Oeste.

As obras estavam paralisadas em Xaxim. Uma delegação de prefeitos foi organizada para ir conversar com o presidente da República e o ministro dos Transportes, Mário Andreazza, para pedir a retomada das obras. O 2º Batalhão Ferroviário foi designado para a continuidade do asfaltamento, que só foi concluído na década seguinte.

Depois de tantas idas e vindas, a BR-282 foi finalmente inaugurada na década de 1970, interligando o Extremo Oeste ao litoral. A partir daí, novas lutas e novos desafios foram estabelecidos, como a pavimentação da BR-163, nos anos 1980, a conclusão da BR-282 até a fronteira, já nos anos 2000, e a federalização do trecho da BR-163 entre São Miguel do Oeste e Itapiranga. Desafio esse que ainda não foi atingido.

---

[48] REPÚBLICA. **Ed. de 4 de março de 1927**, p. 5. Florianópolis, disponível na Biblioteca Nacional.

A FUNDAÇÃO DA RÁDIO COLMÉIA

O rádio sempre ocupou um papel importante no desenvolvimento do município. Durante décadas, a antiga *Rádio Colméia* e depois a *Rádio Peperi* foram elos de integração das comunidades. A primeira rádio foi fundada em março de 1959 pelos empresários Vitório Rutilli e Otávio Rutilli, que implantaram emissoras pelo interior do Rio Grande do Sul, Santa Catarina e Paraná, todas com o nome de *Rádio Colméia*.

No dia 29 de março de 1959, o primeiro locutor, Any Chittó, colocou no ar pela primeira vez o sinal da *Rádio Colméia*, em São Miguel do Oeste. A emissora começou a transmitir para toda a região, operando com um transmissor de apenas 200 watts de potência, mais tarde ampliado para 1.000 watts, em 1.370 kilociclos, sendo uma das primeiras emissoras de Santa Catarina e a primeira da região de fronteira. A *Rádio Colméia* começou a funcionar com o prefixo ZYT-40. A emissora acabou sendo vendida pouco tempo depois da fundação.

Valmor de Bona, Ricardo J. Rodrigues e Ilse Sbaraini. Acervo: Valmor de Bona

Any Antônio Chittó (*A Voz da Fronteira*, n.º 29) conta que, em 1962, o juiz de direito da Comarca de São Miguel do Oeste denunciou a *Colméia* por estar transmitindo em língua alemã, fazendo com que o ministro da Justiça a suspendesse por 72 horas.

A *Colméia*, em São Miguel do Oeste, produziu figuras folclóricas, como o locutor Zé Barriga, muito popular, ou o Seu Leozinho (Antônio Vicente Schmidt), que se manteve no ar por 55 anos ininterruptos, um recorde na radiodifusão brasileira. Outro que foi um ícone do rádio regional é Ricardo José Rodrigues, que era conhecido como Juca. Nos primeiros anos, Juca, além de locutor, jogava futebol, disputando campeonatos locais e regionais. Era casado com Ilse Sbaraini, que era redatora e locutora da rádio.

Desde as primeiras transmissões, a antiga *Rádio Colméia* exerceu o papel de verdadeiro elemento integrador da região de fronteira, levando informações de utilidade pública para os mais longínquos rincões do Extremo Oeste. Já no início de suas atividades, a emissora foi marcada pelo forte envolvimento com a comunidade, sempre acompanhando e transmitindo os fatos históricos de São Miguel do Oeste e do Extremo Oeste, angariando uma posição de referência no rádio do Oeste de Santa Catarina.

Walmor de Bona, ao lado do locutor Zé Barriga

Um dos primeiros registros de imagens da *Rádio Colméia* foi em 1959, com uma transmissão do programa Saudades da Querência, do CTG Porteira Aberta; na imagem aparecem José Minosso, Luiz Agostini e Antônio Vicente Schmidt, o Seu Leozinho. A transmissão foi feita na inauguração do Colégio Peperi.

Segunda sede da Rádio Colméia, na Sete de Setembro. Fonte: IBGE

No ano de 1984, o empresário Leolino Baldissera assumiu parte do controle acionário da Rede Peperi. Nesse ano também assumia a direção das emissoras o jornalista Ademar Baldissera. Assim, a Rede Peperi de Comunicação nasceu em 24 de setembro de 1984, a partir da *Rádio Peperi AM*.

Com uma ação forte no jornalismo e prestação de serviços, a emissora se destacou e ampliou suas atividades nos meios de comunicação. Mais tarde, em 1997, com o prematuro falecimento de Ademar Baldissera, a Rede Peperi passou a ser administrada pelo atual diretor, jornalista Adilson Baldissera. A Rede Peperi de Comunicação atualmente é constituída por sete emissoras de rádio.

Ao mesmo tempo em que as comunicações se davam pelo rádio, também foi criado um sistema, liderado pelo Clube de Radioamadores de São

Miguel do Oeste (Crasmo). Em 1957, uma agência telefônica de uso particular, chamada Serviço Telefônico Municipal, tinha 43 aparelhos instalados no município, servindo a 13 localidades, principalmente nos distritos de Guaraciaba, Paraíso, Bandeirante e Anchieta. No final dos anos 1950, São Miguel do Oeste representava a maior distância sem interligação telefônica com a capital. O sistema ligava apenas os municípios situados entre Florianópolis e Joaçaba, ficando o restante sem comunicações, desde Chapecó até a fronteira.

Foi projetada, então, uma rede de emergência, para possibilitar a ligação telefônica entre São Miguel do Oeste e os demais municípios catarinenses, objetivo que só foi atingido já na década de 1970. A Cotesc, que se transformaria na Telesc, também já extinta, investiu no Sistema DDD (Discagem Direta à Distância), modernizando as comunicações em Santa Catarina e transformando-se num modelo para os demais estados do Brasil.

Revista O Cruzeiro *(1971, p. 86)*

VILA OESTE: UMA HISTÓRIA DE BRAVURA E PIONEIRISMO

A inauguração do sistema ocorreu no início da década, por meio de uma ligação telefônica à distância, entre o governador do estado, Colombo Salles, e o prefeito de São Miguel do Oeste, Hélio Wassun (O CRUZEIRO, 1971).

A VOCAÇÃO PARA A INDUSTRIALIZAÇÃO

Rua Sete de Setembro, onde aparece a estofaria de Alípio Gehler, em primeiro plano, e a padaria da Família Balke, mais à frente. Fonte: IBGE

O município de São Miguel do Oeste, desde os tempos distantes da Vila Oeste, surgiu com uma forte vocação industrial.

Funcionários da Sican transportando madeira. Acervo: Ruy Luchesi

A Madeireira Farro funcionava com escritórios na esquina da Getúlio Vargas com a XV de Novembro e a indústria era na Cidade Alta, próximo de onde hoje é o Hospital São Miguel. Na Linha São Vicente, entre Guaraciaba e Paraíso, funcionava a madeireira pertencente a Nadir Bertuol e João Martini.

Madeireira de Nadir Bertuol e João Martini. Acervo: Tarciso Tengaten

Onde hoje é a Willy Barth, havia duas madeireiras. Uma era a Madeireira Picinatto. A outra, dos Irmãos Zanchi, que posteriormente se transformou na Madebal. Hoje, compõem um complexo industrial no acesso Leolino Baldissera, onde funcionam a Madebal e a Imobal.

Sede da Sican, onde é hoje o Centro Cultural. Acervo: Inilde Ferro/Foto Andrin

Muitas madeireiras funcionavam como empresas de fundo de quintal (IBGE)

No Bairro São Sebastião, funcionava a Madeireira dos Irmãos Martini. Havia outras, como a Madeireira Santa Rita, de Ampélio Veronese, e a madeireira de Alberico Azevedo, na Linha Santa Catarina, além de serrarias menores, tanto na cidade quanto no interior.

Funcionários comemoram interligação à rede da Celesc. Acervo: Silas de Bona

O governador Jorge Lacerda enviou uma correspondência, em junho de 1955, prometendo resolver o problema da energia elétrica na região de São Miguel do Oeste (CORREIO DO NORTE, 1957). Esse era o maior entrave para o desenvolvimento regional. A promessa era de construir uma rede que interligasse os municípios, com a prestação de assistência técnica às prefeituras de Mondaí, Itapiranga e São Miguel do Oeste, "com o envio de engenheiros eletricistas do Estado, postos à disposição dos prefeitos para a solução dos problemas daquelas localidades no setor de energia elétrica".

Nessa época, a implantação de estrutura de energia elétrica, não apenas para a rede urbana, mas também para as empresas, era uma questão que preocupava os prefeitos e dependia de geradores, pois não havia um sistema interligado, como nos dias atuais.

Em 1958, o município ainda apresentava como grande motor da economia a produção extrativa, segundo estimativas da Agência Municipal de Estatística (IBGE, 1959). Os principais produtos, tendo como referência o ano de 1957, eram de produção de 110 milheiros de tijolos, 540 toneladas de carvão vegetal, 9 toneladas de erva-mate e 22.595 metros cúbicos de madeira. No tocante a produtos transformados de origem animal, a produção atingiu 16 toneladas de banha, 40 mil dúzias de ovos e 50 mil litros de leite.

Frigorífico Aurora. Acervo: jornal O Celeiro/1982

À medida que a cidade foi se urbanizando, também começou a ganhar contornos de polo regional, ao lado de municípios como Chapecó, Xanxerê e Concórdia. Melhorou a agricultura, a agropecuária e a região começou a ingressar mais fortemente num processo de industrialização. Ao mesmo tempo em que avançava a implantação da BR-282, com a melhoria no processo de escoamento da produção, São Miguel do Oeste assumiu a condição de celeiro de Santa Catarina (MANCHETE, 1/7/1967, p. 55).

No ano de 1967, ocorreu a instalação da unidade da indústria da Gener, para esmagamento e produção de óleo de soja da marca Princesa do Sul. A partir disso, a região Extremo Oeste passou a produzir em larga escala, pelo surgimento do mercado para a industrialização e processamento. Mais tarde, com a vinda da Ceval, a produção se expandiu em toda a região (GAZETA DO VALE, 1976).

Um impulso significativo aconteceu em 25 de julho de 1966, quando o governador Ivo Silveira inaugurou a ligação de energia elétrica de São Miguel do Oeste ao sistema da Celesc, por meio da Usina Celso Ramos, de Esperinha. Construída partindo do município de Faxinal dos Guedes, a rede concretizou assim uma aspiração antiga por meio da construção de 130 quilômetros de linha de transmissão implantada em convênio com a Secretaria dos Negócios do Oeste (DIÁRIO DE NOTÍCIAS, 1966).

Atualmente, de acordo com os dados do IBGE, desde 2020, São Miguel do Oeste apresenta seus melhores índices de população ocupada, nos levantamentos de economia e emprego. O percentual é superior a 40% e leva em consideração apenas a faixa populacional acima dos 16 anos.

A tendência de crescimento do índice vem se mantendo desde 2016. Em 2021, o salário médio mensal era de 2,5 salários mínimos. A proporção de pessoas ocupadas em relação à população total era de 42,0% (IBGE, 2021).

DA EDUCAÇÃO BÁSICA À UNIVERSIDADE

Escola, onde hoje é o Colégio São Miguel (TROTTA, 1946)

Desde a implantação da Escola Carmela Trotta, depois renomeada para Grupo Escolar Carlos Krueger, e mais tarde para Escola Básica São Miguel, muita coisa mudou. Os primeiros números mostravam que, em 1956, funcionavam na cidade e no resto do município 39 unidades de Ensino Primário Geral com matrícula efetiva de 1.726 alunos (IBGE, 1959).

São Miguel do Oeste concentra um importante centro de excelência no setor educacional. O município conta com 18 escolas municipais, 9 estaduais, 4 particulares, e 1 universidade, além de vários polos de faculdades a distância e presenciais. Está em execução o projeto de uma unidade do Instituto Federal de Educação Tecnológica (Ifet).

A cidade conta também com uma escola agrícola situada entre os municípios de Descanso e São Miguel do Oeste, na Linha Cruzinhas, na divisa entre os dois municípios. Entre as escolas particulares, um dos expoentes é o Colégio La Salle Peperi. Ele começou suas atividades ligadas à Província Lassalista de Porto Alegre, RS, em 3 de março de 1958, com a aula inaugural. A construção foi iniciada no ano de 1957. Há também o Colégio Jesus Maria José, que conta com a Rede de Ensino Energia.

No setor profissionalizante, a cidade ainda possui um Centro de Ensino do Senai, com cursos técnicos na área de Alimentos, Eletro-Metalmecânica, Informação Tecnológica, Informática, Metalmecânica, Segurança no Trabalho e o

Ensino Médio Articulado com Educação Profissional, esse último criado em 2007. A entidade ainda dispõe de um curso superior de graduação na área de Laticínios.

Professoras do Colégio São Miguel nos anos 1950. Acervo: Maria Predebon

O Senac também se faz presente na cidade com cursos superiores de Tecnologia. A área oferecida é a de Gestão Comercial. A Universidade do Oeste de Santa Catarina (Unoesc) está presente no município desde 1995, e tem atualmente mais de 30 cursos que abrangem cerca de 35 municípios do Oeste Catarinense. Além disso abrange o sudoeste do Paraná, o noroeste do Rio Grande do Sul, e parte do território argentino.

A Unoesc São Miguel do Oeste está localizada no Bairro Agostini com 24 mil metros quadrados de área construída. O campus abriga 69 salas de aula, auditório, biblioteca, com um rico acervo bibliográfico, Centro Cultural, Centro Esportivo, Hospital Veterinário de Pequenos Animais, Centro Tecnológico, área para convivência estudantil, entre outros espaços. Os alunos têm à disposição laboratórios modernos, nos quais são promovidas aulas dinâmicas e produzidas pesquisas de renome nacional e internacional.

A universidade tem 11 mil alunos em 16 cursos de graduação em Administração, Odontologia, Arquitetura e Urbanismo, Ciências Contábeis, Ciência da Computação, Direito, Engenharia de Alimentos, Engenharia Civil, Educação Física, Enfermagem, Farmácia, Fisioterapia, Medicina Veterinária, Pedagogia e Psicologia.

Campus da Unoesc em São Miguel do Oeste

A cidade tem também um polo da Udesc (Universidade do Estado de Santa Catarina), que opera por meio do programa UAB (Universidade Aberta do Brasil) e tem curso de graduação em Pedagogia. Há ainda curso de aperfeiçoamento em Educação para Diversidade e Cidadania, oferecido pela UFSC (Universidade Federal de Santa Catarina), e um curso de aperfeiçoamento em Educação de Jovens e Adultos na Diversidade, oferecido pelo Instituto Federal de Santa Catarina (IF-SC) com 180 horas de duração.

De acordo com dados do IBGE, o município ostenta atualmente uma taxa de escolarização de 6 a 14 anos de idade, constatada em censo de 2010, de 97,7%. O número de matrículas no ensino fundamental em 2021 chegou a 4.637 crianças. No ensino médio, em 2021 foram registradas 1.744 matrículas. São mais de 500 professores em 33 estabelecimentos de ensino fundamental e médio.

UM CENTRO DE EXCELÊNCIA EM SAÚDE

A assistência médica no município era quase inexistente, nos primeiros anos da colonização, sem a presença de médicos, enfermeiros ou casas de saúde. Durante a epidemia de tifo em diante, em 1946, por iniciativa da colonizadora foi contratado o primeiro médico, e o tratamento era feito improvisadamente na casa paroquial. Depois passou a ter a primeira unidade hospitalar, no Hospital Cristo Redentor.

Guilherme Missen, em 1960, após pescaria. Acervo: Ruy Luchesi

Mais tarde, com a chegada do médico Guilherme Missen, foi construída a segunda unidade hospitalar e as condições começaram a melhorar. Em 1958, São Miguel do Oeste tinha dois médicos, um dentista e dois farmacêuticos (IBGE, 1959). Serviam à população três hospitais, após a abertura do Hospital Beneficente Sagrado Coração de Jesus e também do Hospital de Clínicas do Oeste, com assistência médica em geral, e existiam duas farmácias.

A mortalidade infantil em 2020 em São Miguel do Oeste foi de 1,92 óbitos por mil nascidos vivos (IBGE, 2022). O número de unidades de saúde conveniadas com o SUS, em 2009, chegou a 27 estabelecimentos, de um total de 41 existentes. O atendimento de emergência é feito em duas unidades, sendo uma Unidade de Pronto Atendimento 24 horas.

Hoje, alguns serviços especializados são prestados à população regional, com cirurgias complexas, sendo 16 estabelecimentos com e sem internação. Os doentes têm acesso a exames especializados, como eletrocardiograma, hemodiálise, densitometria óssea, ressonância magnética, tomografia e Doppler colorido, e muitos outros (IBGE, 2022).

Hospital Regional. Fonte: Ascom

Durante muitos anos, a saúde foi um dos gargalos do desenvolvimento e uma luta constante da população e de suas lideranças. Após 70 anos, todavia, o quadro é bem diferente. São Miguel do Oeste hoje dispõe de três hospitais: o Hospital Regional Terezinha Gaio Basso, o Hospital Casa Vitta (antigo Hospital Missen) e o Hospital São Miguel.

O Hospital Regional Terezinha Gaio Basso, localizado no Bairro São Gotardo, teve o início de sua obra em 2006 e foi inaugurado em 27 de dezembro de 2010. O nome, Terezinha Gaio Basso, se deu em homenagem à esposa do ex-vereador, ex-prefeito e ex-deputado Luiz Basso.

Após o dia 17 de janeiro de 2011, início do atendimento à população, o hospital desenvolve especialidades como cardiologia, neurocirurgia, cirurgia vascular e muitas outras. São mais de 10 mil metros quadrados de área construída, com 90 leitos, uma Unidade de Terapia Intensiva e amplo Centro Cirúrgico.

A entidade oferece tratamento de média complexidade, totalmente gratuito, por meio do SUS, e atende a 30 municípios do Extremo Oeste. Em 2018, foi inaugurada a Unidade de Assistência de Alta Complexidade em Oncologia. Cirurgias, exames laboratoriais, de imagem e quimioterapia estão entre os serviços prestados.

UM GRANDE CENTRO DE HOTELARIA

Hotel Oeste, demolido para a construção de um prédio. Fonte: IBGE/1959

A cidade conta atualmente com a melhor infraestrutura hoteleira, gastronômica, de turismo e de lazer de toda a região.[49] Dos primeiros anos até agora, foram mais de sete décadas de surgimento de hotéis para hospedar as famílias de imigrantes e pioneiros, os viajantes e todos aqueles que aportavam nessa região da fronteira.

No período inicial da colonização, as pessoas que chegavam a Vila Oeste eram recepcionadas com um barracão de taquaras, único local disponível até que se instalassem em suas próprias moradias. Com a chegada de mais moradores, foram sendo instaladas pousadas e pequenos hotéis, principalmente locais de passagem de viajantes.

Alguns hotéis funcionaram durante muitos anos, como o Hotel Brasil, situado na esquina das ruas Almirante Tamandaré e XV de Novembro, ou

---

[49] Avaliação do GUIA DE TURISMO BRASIL, responsável pela análise de Turismo, Roteiros e Hospedagem em todo o país. Os dados estão em: https://www.guiadoturismobrasil.com/hospedagem/2/SC/sao-miguel-do-oeste/918.

Hotel Oeste, na esquina da Almirante Barroso com a XV de Novembro. O Hotel Annoni existia onde hoje é o Edifício Pivatto, na Almirante Tamandaré. O Hotel Lohmann funcionava onde hoje é o Hospital São Miguel. Também havia o Hotel Holz, próximo ao Banco do Brasil.

Na Willy Barth, havia o Hotel da Urca, que funcionava em cima da Churrascaria da Urca, e defronte, o Hotel Lodi.

Batista Predebon e Gherino Teló em frente ao Hotel Teló, em 1953. Acervo: Maria Dal Magro Predebon

Hoje, São Miguel do Oeste é a principal cidade brasileira na fronteira de Santa Catarina com a Argentina e é a maior cidade do Extremo Oeste. A sua população é na grande maioria gaúcha, descendentes de italianos e alemães. A cidade é considerada um verdadeiro portal de turismo do Mercosul e é utilizada como ponto de parada de turistas argentinos, paraguaios e chilenos que vêm por terra ao Sul do Brasil. São Miguel do Oeste conta, atualmente, com os hotéis San Willa's, Solaris, Catarina, Figueiras, Brasília e Peperi.

Funcionando há aproximadamente 30 anos em São Miguel do Oeste, o Hotel Solaris é uma das principais referências para os viajantes no Extremo Oeste de Santa Catarina. A unidade, no centro da cidade, na esquina da Rua

XV de Novembro com a Avenida Getúlio Vargas, chama a atenção pelo projeto arquitetônico e dispõe de uma infraestrutura de grandes centros turísticos.

Hotel Solaris (Acervo GUIA DO TURISMO BRASIL, 2023)

Outra referência é o Hotel San Willas. Localizado a cerca de 1,8 quilômetros do centro de São Miguel do Oeste, já no Bairro São Jorge, o Hotel San Willas tem piscina ao ar livre, estacionamento privativo gratuito, academia e jardim. O hotel também dispõe de restaurante, cozinha compartilhada e serviços de concierge e de câmbio. A equipe da recepção fala alemão, inglês, espanhol e francês.

Hotel San Willas (Acervo GUIA DO TURISMO BRASIL, 2023)

São Miguel do Oeste situa-se em um ponto estratégico em relação a atrativos turísticos já consolidados, como as Cataratas do Iguaçu e a Região das Missões. Os amantes do ecoturismo têm diversas opções de lazer e ainda podem contar com empresas especializadas no assunto. São Miguel do Oeste conta com a melhor infraestrutura hoteleira, gastronômica, de turismo e de lazer de toda a região.

Hotel Figueiras (Acervo GUIA DO TURISMO BRASIL, 2023)

Alguns atrativos reúnem milhares de visitantes, principalmente para turismo de negócios, como na Expo São Miguel (Exposição Agroindustrial de São Miguel do Oeste), e na Faismo, que acontece de dois em dois anos, no parque de Exposições Rineu Granzotto, e é um dos acontecimentos mais importantes do município (GUIA DO TURISMO BRASIL, 2023).

Outro evento de grande porte realizado anualmente é o Motocão, encontro latino-americano de motociclismo, que reúne milhares de turistas de quase todos os países da América do Sul, na área central do município, junto à Rua Coberta, durante três dias, sempre no mês de março.

PRODUÇÃO RURAL DE GRANDE IMPORTÂNCIA

A produção agrícola e agropecuária de São Miguel do Oeste sempre foi um dos pilares da economia, à exceção da primeira década, quando se sobressaía a produção extrativista da madeira. À medida que a madeira foi desaparecendo, a produção rural passou por várias fases, adaptando-se às mudanças do mercado. Em alguns períodos, ganharam força algumas culturas e modelos de produção que foram praticamente extintos.

Uma das culturas que é quase inexistente é o plantio de trigo, que chegou a ser incentivado na região com a distribuição de sementes pelo governo do estado até por volta de 1970.

Lavoura de trigo, em 1950. Acervo: Ruy Luchesi

Também na década de 1970, a região passou por uma crise sem precedentes, com o surgimento da peste suína africana, que obrigou ao extermínio de animais doentes e quase extinguiu esse modelo de produção integrado entre o produtor e a indústria para a produção de suínos.

A gravidade da situação acabou por transferir a realização da Faismo, que deveria ocorrer entre 22 e 27 de março de 1977. Com a ocorrência do surto de febre suína africana verificado em São Miguel do Oeste e região, a feira agroindustrial foi transferida para o ano seguinte (CORREIO RIO-GRANDENSE, 1978).

Já na década de 1980, o surgimento do Movimento dos Sem Terra, com ocupações de áreas improdutivas e a desapropriação para assentamentos, provocou um clima de constante conflito, colocando agricultores sem-terra de um lado e fazendeiros de outro.

Na região, o primeiro grande enfrentamento ocorreu na Fazenda Burro Branco, em Campo Erê, onde o presidente João Figueiredo, em 1981, por meio de decreto, assegurou a terra para os posseiros, num conflito que durava anos, envolvendo a família Taborda Ribas e as famílias de sem-terra, que lutavam pela posse de 2.908 hectares (CORREIO RIOGRANDENSE, 1981, p. 29).

O movimento cresceu nos anos seguintes e em São Miguel do Oeste foram registradas ocupações de grandes áreas, como a fazenda de Alberico Azevedo, com 5.400 hectares. A invasão foi orientada por um advogado que, depois, passou a cobrar Cr$ 130 mil de cada família invasora, sendo denunciado pelos sem-terra. O proprietário denunciou o caso à justiça e, cumprindo ordem judicial, os soldados da Polícia Militar expulsaram os invasores.

Na metade da década, com outras áreas ocupadas, a situação foi pacificada com a aquisição das fazendas pelo governo federal e a implantação de projetos de reforma agrária em toda a região, especialmente em São Miguel do Oeste, Campo Erê e Palma Sola.

Nos anos 1990, a falência da Cooper São Miguel abalou o meio rural, obrigando os cooperados a buscar socorro na Cooperalfa, de Chapecó, que assumiu o passivo da extinta cooperativa e reestruturou o modelo cooperativado, assegurando a sua manutenção. A cooperativa, criada no início da década de 1970, era considerada muito forte e com uma atuação destacada em toda a região de fronteira.

Na assembleia de 1984, a Cooper São Miguel apresentou aos associados reunidos em Assembleia Geral Ordinária um resultado líquido animador, de mais de Cr$ 220 milhões em reservas legais acumuladas no exercício de 1983/1984 (CORREIO RIOGRANDENSE, 1984, p. 23). No ano anterior, a cooperativa anunciava ter comercializado mais de Cr$ 300 milhões somente com a safra de feijão, e promovido investimentos nas unidades de São Vendelino, no interior de São José do Cedro, e aberto novos postos em São Pedro Tobias, distrito de Dionísio Cerqueira, Linha Rosário, município de Romelândia, e nos distritos de Grápia e Barra Bonita, no interior de São Miguel do Oeste, além de ser aprovada a criação de mais um posto de recebimento de produtos no interior de Guaraciaba.

Tais resultados promissores, entretanto, não evitaram que a Cooper São Miguel decretasse falência, no início da década de 1990, com uma dívida estratosférica, o que levou à incorporação pela Cooperativa Regional Alfa, de Chapecó, que administra o sistema cooperativado até os dias atuais na fronteira de Santa Catarina.

A indústria frigorífica, com duas grandes unidades de abate de suínos, uma de abate de bovinos, granjas de produção de ovos, fábrica de rações, e projetos de culturas alternativas, como a criação de ovinos e a diversificação agrícola, deram estabilidade e projeção à cadeira produtiva do meio rural, colocando o município como um importante centro de produção e tecnologia em Santa Catarina. Desde os anos 2000, a produção leiteira ganhou um espaço de grande importância, especialmente com o surgimento de cooperativas e empresas de produção leiteira em larga escala, tornando essa atividade uma das mais rentáveis do meio rural.

De acordo com o Censo Agropecuário (IBGE, 2023), São Miguel do Oeste tem área total produtiva de 16.025 hectares, sendo 14.093 hectares explorados pelos proprietários; 743 hectares pertencem a assentados que aguardam a titulação das terras; 630 são arrendados; e outros 344 hectares são explorados em regime de comodato.

A produção de gado leiteiro e de corte utiliza 5.956 hectares de pastagens e 227 hectares são ocupados por florestas naturais. A área destinada à preservação permanente ou reserva legal é de 2.170 hectares. Outras florestas plantadas somam 897 hectares e a área cultivada com espécies florestais também usada para lavouras e pastoreio por animais ocupa 302 hectares.

Um dado preocupante revelado pelo IBGE no Censo é o envelhecimento da população rural (IBGE, 2023). Conforme os dados divulgados, somente dois estabelecimentos são administrados por pessoas com menos de 25 anos. Pessoas com 25 ou menos até 35 anos administram 28 estabelecimentos. As propriedades administradas por pessoas de 35 a 45 anos chegam a 109 unidades e 237 têm na direção pessoas com idades entre 45 e 55 anos. O maior número, com 311 propriedades, **é de** pessoas de 55 a 65 anos na administração, o que demonstra com clareza o envelhecimento da mão de obra no campo. Há ainda mais 148 propriedades administradas por pessoas com idades de 65 a 75 anos, e 36 estabelecimentos administrados por pessoas de mais de 75 anos.

A produção rural concentra, na área de fruticultura, pomares de laranja, pêssego, tangerina, uva, e, em menor escala, abacaxi, e produções alternativas como abóbora, alho, amendoim, arroz, batata, cana-de-açúcar, cebola, feijão, fumo, mandioca e melancia.

Plantação experimental de lúpulo, em 1950. Acervo: Ruy Luchesi

A produção mais significativa continua sendo milho, com 525 propriedades, e soja, com 64 estabelecimentos. O trigo ainda ocupa 14 propriedades, com a produção média anual de 536 toneladas. Na pecuária, o Censo do IBGE revelou que o rebanho de bovinos é de 22.906 cabeças. Há um rebanho de 17.013 cabeças de suínos. Com menor expressão, aparecem caprinos, com 143 cabeças, equinos, com um rebanho de 161 cabeças, e ovinos, com 1.390 cabeças.

A REPRESENTATIVIDADE POLÍTICA REGIONAL

O município de São Miguel do Oeste sempre teve uma grande representatividade política regional, conseguindo eleger representantes no parlamento catarinense e nacional, mesmo quando o número de eleitores da comunidade era quase inexpressivo. Como visto, fruto da ação da Sociedade Amigos da Vila Oeste, a estratégia, no final dos anos 1940, era concentrar os votos num candidato, independentemente de partido, que assumisse as causas da localidade. Com isso, foi eleito Leopoldo Olavo Erig para vereador em Chapecó e, depois, para deputado estadual, na Assembleia Legislativa de Santa Catarina.

A partir de 1962, o município passou a conquistar representação legislativa estadual em todas as eleições. Em alguns períodos, elegeu representantes no Congresso Nacional, na Câmara dos Deputados ou no Senado. Na legislatura da Câmara de Vereadores de 1989/1992 (foto a seguir), a situação é esclarecedora. Nela aparecem o presidente da Câmara, Maurício Eskudlark, que viria a eleger-se por vários mandatos consecutivos como deputado estadual e, em pé, o vereador João Carlos Valar, que mais tarde se elegeria três vezes como prefeito de São Miguel do Oeste. Nesse ano de 1989, Luiz Basso era deputado estadual e Neuto de Conto era deputado federal, ambos com a base eleitoral em São Miguel do Oeste.

Vereadores da legislatura 1989-1992. Acervo: Inilde Ferro/Foto Andrin

Como visto, o primeiro deputado estadual de São Miguel do Oeste foi Leopoldo Olavo Erig, que nasceu em 18 de janeiro de 1913, em São Sebastião do Caí, RS, onde passou pelo ensino fundamental e iniciou a atividade no comércio. Mudou-se para Vila Oeste quando para cá rumavam muitos colonos da Serra Gaúcha, após 1940. Com o apoio dos moradores, elegeu-se vereador por Chapecó, com a missão de assegurar a criação do distrito e, depois, do município, tarefas das quais se desincumbiu brilhantemente. Foi líder do prefeito José de Miranda Ramos e escolhido para primeiro prefeito provisório, até a eleição de Olímpio Dal Magro. Deixou o cargo para concorrer a deputado estadual, conseguindo uma vaga na Assembleia Legislativa, pelo Partido Social Progressista (PSP). No ano de 1956, foi nomeado juiz do Tribunal de Contas do Estado e renunciou ao mandato de deputado. Chegou a vice-presidente e a presidente do Tribunal. Aposentou-se em 1973. Faleceu em 1º de maio de 1983, em Florianópolis.

O segundo deputado eleito foi Antônio Pichetti, nascido em 23 de maio de 1931, em Cruzeiro, SC, atual município de Concórdia, emancipado de Joaçaba, em 1934. Graduou-se em Direito em Curitiba, em 1958. Lecionou em escola particular e foi sargento do Exército (MEMÓRIA POLÍTICA, 2023). Mudou-se para São Miguel do Oeste quando o povoado ainda pertencia ao distrito de Mondaí. Advogou durante 60 anos, tendo participado de cerca de 600 júris. Pelo Partido de Representação Popular, elegeu-se deputado estadual em 1962, e ingressou na Arena com a instituição do bipartidarismo, elegendo-se mais duas vezes para a Assembleia Legislativa. Disputou mais duas eleições, filiou-se ao PMDB, mas não conseguiu novos mandatos. Exerceu o cargo de secretário estadual de Agricultura no governo de Celso Ramos e no governo de Ivo Silveira. Faleceu em 5 de junho de 2019, em São Miguel do Oeste, SC.

O deputado Waldir Buzatto nasceu em 20 de maio de 1932, em Palmeira das Missões, RS. Mudou-se para São Miguel do Oeste, onde foi comerciante e empresário da Comunicação. Eleito vereador para o período de 1958 a 1962, disputou a eleição para deputado pelo Partido Social Democrático em 1962, ficando na quarta suplência, e não chegou a assumir no Parlamento (MEMÓRIA POLÍTICA, 2023). Mudou para o MDB e, por esse partido, foi eleito para três mandatos consecutivos a partir de 1966. Faleceu em 8 de novembro de 2011, em Florianópolis.

O deputado Mário Cilião de Araújo nasceu em 21 de maio de 1934, em Londrina, PR. Concluiu o estudo primário em Cambé, o ginasial em Londrina, e três bacharelados, em Jornalismo, Ciências Econômicas e Direito. Desde 1962 atua como advogado, orgulhando-se de, em mais de 50 anos de trabalho, jamais ter defendido ladrão nem traficante. Foi candidato em apenas duas ocasiões. Na primeira eleição, em 1972, concorreu a vereador em São Miguel do Oeste, conseguindo eleger-se e exercer, inclusive, o cargo de presidente da Câmara. Na segunda e última eleição, concorreu a deputado estadual, elegendo-se para o mandato de 1979 a 1983. Durante a legislatura, assumiu a Secretaria de Justiça do Estado, implantando projetos de recuperação dos apenados por meio do trabalho, em troca de redução de pena. Em seu mandato, lutou pela eletrificação rural e pelo asfaltamento da BR-163.

O deputado Dionísio Badin nasceu em 18 de novembro de 1931, em Sarandi, RS. Concluiu o ginasial em sua terra natal e mudou-se para São Miguel do Oeste, onde fez o curso de Técnico de Contabilidade no Colégio Peperi. Trabalhou na Celesc e foi gerente regional da empresa de março de 1973 a outubro de 1982. Fundador da Arena e do PDS, foi eleito vereador de 1972 a 1976. Concorreu a deputado estadual em 1982 e ficou na suplência, assumindo até 1987. Concorreu novamente em 1986, ficou novamente na suplência, mas não foi convocado.

Neuto de Conto foi vereador, deputado estadual, deputado federal e senador, além de ter exercido a função de secretário de estado. Nasceu em

Encantado, RS. Em Caxias do Sul, formou-se em Técnico de Contabilidade. Mais tarde, formou-se em Contabilidade, Marketing, Economia, Administração e Finanças, em São Paulo. É empresário e administrador (MEMÓRIA POLÍTICA, 2023). Foi vereador em São Miguel do Oeste de 1973 a 1983. Elegeu-se deputado estadual para o mandato de 1983 a 1987. Como suplente de deputado federal, assumiu em 1987 e participou da Assembleia Nacional Constituinte em 1988. De 1990 a 1999, conquistou mandatos de deputado federal, mas se licenciou para exercer cargos no governo do estado. Foi senador por Santa Catarina na legislatura de 2003 a 2011.

Luiz Basso nasceu em 15 de julho de 1934, em Flores da Cunha, RS, e mudou-se para São Miguel do Oeste em 1959. Exerceu atividades distintas na hotelaria, indústria madeireira, cerâmica, agricultura e comércio. Foi cinco vezes eleito vereador, entre 1966 e 1982. Elegeu-se prefeito de São Miguel do Oeste em 1985 e em 1992. Na prefeitura destacou-se pela construção do campus da Universidade do Oeste de Santa Catarina (Unoesc), da Escola Agrícola Getúlio Vargas, da Feira Municipal, de pavilhão e do cartódromo no Parque da Faismo, pela reformulação do trevo da BR-282, pela duplicação e iluminação da Willy Barth, entre outras obras. Elegeu-se deputado estadual em 1990, deixando o parlamento para reassumir a prefeitura de São Miguel do Oeste. Em 1998, candidatou-se novamente a deputado estadual, mas não se elegeu. Faleceu em 22 de dezembro de 2016, em São Miguel do Oeste.

Idelvino Furlanetto nasceu em 20 de julho de 1946, em Lagoa Vermelha, RS, e, residindo em São Miguel do Oeste a partir de 1978, foi agricultor e sindicalista, e nos anos 1980 chegou à Direção Nacional da Central Única dos Trabalhadores (CUT). Pelo PT, concorreu a deputado estadual e elegeu-se para o mandato de 1991 a 1995. Foi o autor do projeto que instituiu a Política Estadual de Desenvolvimento Rural, transformada em lei em 1992. Reelegeu-se deputado estadual em 1994, para o mandato de 1995 a 1999. Concorreu a prefeito de São Miguel do Oeste em 1996, mas não se elegeu. Em 1998, concorreu a deputado federal, mas também não se elegeu. Faleceu em 22 de dezembro de 2018, em São José. Seu corpo foi sepultado no cemitério Jardim do Éden, em Chapecó.

Foto: Agência AL

Maurício Eskudlark é delegado de polícia aposentado. Nasceu em 18 de janeiro de 1958, em Canoinhas, SC. Foi fabricante de selas, vendedor de picolés, entregador de jornais e arrimo da família, após a perda de seu pai aos 11 anos, entre outras atividades. Mudou-se para Itajaí, onde cursou a Faculdade de Direito na Univali e entrou para a Polícia Civil. Foi delegado regional de Polícia de São Miguel do Oeste e, mais tarde, de Balneário Camboriú, e chegou a delegado geral de Polícia Civil. Em 1988 foi eleito vereador por São Miguel do Oeste e se reelegeu em 1992, tendo presidido o Legislativo. Na Assembleia, assumiu pela primeira vez em 2006 e em 2010 acabou sendo eleito como primeiro suplente e permanencendo no cargo durante todo o período de mandato. Em 2014, foi reeleito e, em 2018, foi novamente reeleito.

Foto: Agência AL

O deputado Coronel Mocellin nasceu em 15 de maio de 1963, em São Miguel do Oeste, SC. É militar da reserva do Corpo de Bombeiros e cursou Direito e Direito Ambiental. Fez especialização em Segurança Pública e Administração Pública, e mestrado em Ciência e Tecnologia Ambiental (ALESC, 2023)[50]. Exerceu todos os principais cargos de carreira dos Bombeiros em Santa Catarina, incluindo o de Comandante Geral, de 2015 a 2018. Nas eleições de 2018, candidatou-se a deputado estadual pelo Partido Social Liberal (PSL), foi eleito com mais de 46 mil votos.

---

[50] MEMÓRIA política, ALESC. Florianópolis, 2023. Acervo disponível em: https://memoriapolitica.alesc.sc.gov.br/biografia/1009-Coronel Mocellin. Acesso em: 24 jul. 2023.

A OITAVA MELHOR CIDADE PEQUENA DO BRASIL

O desenvolvimento obtido pelo município de São Miguel do Oeste após 70 anos de emancipação o coloca como a 8ª melhor cidade de pequeno porte do Brasil, de acordo com o ranking Austin Rating, divulgado pela revista *Isto É*. Está entre dez primeiros colocados entre quase 4.900 municípios com menos de 50 mil habitantes.

Foto: Ascom

O objetivo da pesquisa foi classificar e mapear o nível de desenvolvimento socioeconômico dos municípios. Por meio de uma iniciativa da Editora Três e da agência classificadora de risco Austin Rating, foram avaliados 281 indicadores, de todos os municípios brasileiros, com listas distintas também para as cidades de médio e grande porte. Entre os parâmetros analisados, estão Indicadores Fiscais, Econômicos, Sociais e Digitais.

No ano de 2022, o município de São Miguel do Oeste também gerou 895 novas vagas de emprego, o que demonstra a pujança econômica da comunidade. Os dados foram divulgados pelo IBGE e Caged, órgão do Ministério do Trabalho e Emprego. De acordo com a população calculada pelo IBGE com base nos resultados do Censo Demográfico 2022, o município de São Miguel do Oeste possui 44.330 habitantes. Já o Caged (Cadastro Geral de Empregados e Desempregados) divulgou os números da geração de emprego referentes ao mês de novembro de 2022, com um saldo de 153 vagas no município. No acumulado do ano, São Miguel do Oeste somou 895 novas vagas.

Foto: Ascom

Os dados do IDH (Índice de Desenvolvimento Humano) comprovam que São Miguel do Oeste está entre as melhores cidades para se viver no país. O ranking divulgado em 2013 coloca a cidade na posição de 39ª entre os 40 melhores lugares para se viver no Brasil, no ranking geral (AGÊNCIA BRASIL, 2013). Esse dado foi elaborado considerando renda, longevidade e educação. O IDH é calculado desde a década de 1990 pelo Programa das Nações Unidas para o Desenvolvimento (PNUD), uma das várias agências temáticas da ONU. O IDH de São Miguel do Oeste atualizado é de 0,801. A cidade integra uma região que abrange 200 municípios[51], que juntos somam

---

[51] Fonte: http://www.semprefamilia.com.br/as-10-melhores-pequenas-cidades-do-brasil-para-se-viver/.

2 milhões de habitantes, incluindo a cidade que tem o maior conglomerado urbano do Oeste, no município de Chapecó (ANPM, 2023).

Nos últimos anos, o município de São Miguel do Oeste tem experimentado um grande desenvolvimento em todos os setores da Economia, Educação, Saúde, Cultura e Urbanismo. Um levantamento publicado pelo Observatório da Federação das Indústrias do Estado de Santa Catarina (FIESC), através do Instituto Euvaldo Lodi (IEL), em 2019, coloca a cidade entre as 100 primeiras em Índice de Desenvolvimento Humano (IDH), entre todos os mais de 5 mil municípios do país.

REFERÊNCIAS

AMABLE, Maria Angélica; ROJAS, Liliana Mirta.; BRAUNIG, Marina Karina Dohmann. **Historia Misionera**: una perspectiva integradora. Posadas: Montoya, 2011.

AMBROSETTI, Juan Baptista. Los indios Kaingángues de San Pedro (Misiones). **Revista do Jardim Zoológico de Buenos Aires**, Buenos Aires, tomo II, p. 305-387, 1895.

ANDRIN, Martin José. Entrevista concedida a Adriano Larentes da Silva. São Miguel do Oeste, 6 maio 2002.

BAVARESCO, Paulo R.; FRANZEN, Douglas O.; FRANZEN, Tiones Ediel. Políticas de colonização no extremo oeste catarinense e seus reflexos na formação da sociedade regional. **Revista Trilhas da História**, Três Lagoas, v. 3, n. 5, p. 86-104, jul./dez. 2013.

BRANDT, Marlon; NODARI, Eunice Sueli. Comunidades tradicionais da Floresta de Araucária de Santa Catarina: territorialidade e memória. **História Unisinos, São Leopoldo, v. 15, n. 1, p. 80-90, 2011.**

BRESOLIN, Maria Elisabeth. **Cadernos de Blumenau**. ed. 7. Disponível na Biblioteca Pública Nacional, 1986, p. 211.

CABEZA DE VACA, Álvar Nuñes. **Naufrágios y comentários**. 3. ed. Buenos Aires, 1947, p. 120.

CABRAL, O. R. **História de Santa Catarina**. Florianópolis: Lunardelli, 1994.

CARGNEL, Josefina. Pedro Lozano S. J., un historiador oficial. **Projeto História**, São Paulo, n. 35, p. 315-323, dez. 2007.

CORREIO DA MANHÃ. **Ed. de 12 de fevereiro de 1952**, p. 2. Rio de Janeiro/RJ, disponível na Biblioteca Nacional.

CORREIO DO NORTE. **Ed. de 10 de junho de 1957**, p. 1. Canoinhas/SC, disponível na Biblioteca Nacional. Acesso em: 21 jul. 2023.

CORREIO PAULISTANO. **Ed. 7.713, de 17 de julho de 1882**, p. 2. São Paulo.

CORREIO PAULISTANO. **Ed. de 28 de novembro de 1882.** Rio de Janeiro, disponível na Biblioteca Pública Nacional.

CORREIO RIOGRANDENSE. **Ed. de 30 de janeiro de 1981**, p. 29. Caxias do Sul, disponível na Biblioteca Pública Nacional. Acesso em: 29 jul. 2023.

CORREIO RIOGRANDENSE. **Ed. de 24 de agosto de 1983**, p. 22. Caxias do Sul, disponível na Biblioteca Pública Nacional. Acesso em: 29 jul. 2023.

CORREIO RIOGRANDENSE. **Ed. de 17 de janeiro de 1990**, p. 18. Caxias do Sul.

DE BONA, Avelino. **A Evolução Histórica de São Miguel do Oeste**. 2004.

D'EÇA, Othon Gama. **Aos espanhóis confinantes**. FCC: Fundação Banco do Brasil: Editora da UFSC, 1992.

DIÁRIO DA NOITE. **Ed. de 9 de fevereiro de 1952**, p. 1. Rio de Janeiro, disponível na Biblioteca Nacional.

DIÁRIO DE NATAL. **Ed. de 17 de fevereiro de 1952**, p. 1. Natal, disponível na Biblioteca Nacional.

DIEL, Paulo Fernando; TEDESCO, Adayr Mário. A Igreja na Região do Grande Oeste até a criação das Dioceses de Palmas e Chapecó. **Revista Encontros Teológicos**, 11 abr. 2016. Disponível em: https://facasc.emnuvens.com.br/ret/issue/view/27. Acesso em: 16 jun. 2023.

ENCICLOPÉDIA DOS MUNICÍPIOS BRASILEIROS, IBGE, Volume XXXII, 1959, 349 e ss.

ESTUDO PRÁTICO, iHaa Network, 2013. Disponível em: https://www.estudo-pratico.com.br/guerra-do-contestado-causas-consequencias-e-imagens/. Acesso em: 8 jul. 2023.

GALDINO, Luiz. **Peabiru**: os Incas no Brasil. Ed. Estrada Real, 2002.

GAZETA DE NOTÍCIAS. **Ed. de 8 de fevereiro de 1938**, p. 3. Rio de Janeiro, disponível na Biblioteca Nacional. Acesso em: 17 jul. 2023.

GAZETA DO COMÉRCIO. **Ed. de 15 de maio de 1918**, p. 1. Joinville, disponível na Biblioteca Nacional.

GAZETA DO VALE. **Ed. de 27 de abril de 1976**, p. 8. Rio do Sul, disponível na Biblioteca Nacional. Acesso em: 28 jul. 2023.

GOULARTI FILHO, Alcides. Expansão da Rede de Telégrafos em Santa Catarina: sistema regional de economia e adensamento do Estado no território catarinense. **Revista Análise Econômica** (UNESC), n. 79, 2021.

HEINEN, Pe. Luiz. **Colonização do oeste de Santa Catarina, do sudoeste do Paraná e parte do planalto catarinense**: aspectos sócio-políticos-econômicos e religiosos. 1991.

IBGE. Disponível em: https://biblioteca.ibge.gov.br/index.php/biblioteca-catalogo?view= detalhes&id=33784. Acesso em: 8 maio 2023.

INTRODUÇÃO ÀS OBRAS DO BARÃO DO RIO BRANCO. v. 1. Ed. FUNAG, p. 222. Disponível em: www.funag.gov.br.

INVENTÁRIOS POST-MORTEM. Cartórios dos municípios de Cruz Alta, Palmeira das Missões e Passo Fundo. 1835/1921. AHRS.

KRAUTSTOFL, Elena M. Derechos de inclusión y exclusión según las Leyes de Migraciones en Argentina y sus alcances en Misiones. Artigo. 2. Seminário internacional de los espacios de frontera: II Geofronteras "Diferencias e Interconexiones". Posadas, Misiones: UNAM, 2013. CD-ROM.

LARENTES DA SILVA, Adriano. **Fazendo cidade**: a construção do urbano e da memória em São Miguel do Oeste-SC, 2004.

LINO, J. F.; FUNARI, P. P. A. (org.). **Arqueologia da guerra e do conflito**. Erechim: Editora Habilis, 2013.

MAACK, R. Sobre o itinerário de Ulrich Schmidl através do sul do Brasil 1552-1553). **Boletim da Faculdade de Filosofia, Ciências e Letras** (UFPR), Geografia Física, v. 1, n. 2, p. 1-64, 1959.

MANCHETE. **Ed. de 1º de julho de 1967**, p. 55. Rio de Janeiro.

MARQUETTI, Delcio; LOPES DA SILVA, Juraci Brandalise. **História Oral e Fragmentos da Cultura Popular Cabocla**. UNOESC, 2008.

MOREL, Edmar. **A marcha da liberdade**: a vida do repórter da Coluna Prestes. Petrópolis: Vozes, 1987, p. 101-103.

NOVA ENCICLOPÉDIA BARSA. v. 11. São Paulo: Encyclopaedia Britannica do Brasil Publicações, 1998, p. 139.

O COMÉRCIO DE SÃO PAULO. **Ed. 3.101, de 28 de outubro de 1902**, p. 1. **São Paulo.**

O CRUZEIRO. **Ed. 25, de 23 de junho de 1971**, p. 86. Rio de Janeiro.

O DIA. **Ed. de setembro de 1918**. Florianópolis.

O DESPERTADOR. **Ed. 2.267, de 17 de janeiro de 1885**, p. 2. Florianópolis.

O ESTADO. **Ed. de 24 de dezembro de 1958**, p. 1. Florianópolis, disponível na Biblioteca Nacional. Acesso em: 28 jul. 2023.

O ESTADO. **Ed. de 30 de janeiro de 1961**, p. 6. Florianópolis, disponível na Biblioteca Nacional. Acesso em: 28 jul. 2023.

O JORNAL. **Ed. de 8 de fevereiro de 1952**, p. 1. Rio de Janeiro, disponível na Biblioteca Nacional.

PETROLI, Francimar Ilha da Silva. **Região, civilização e progresso**: Oeste Catarinense, 1916-1945.

PIAZZA, Walter F. **Santa Catarina**: sua História. Ed. UFSC, 1983.

PRIORI, A. **História do Paraná**: séculos XIX e XX. O Território Federal do Iguaçu. Maringá, 2012, p. 59-74.

RENK, Arlene; WINCLER, Silvana (org.). São Leopoldo: Ed. Oikos, 2019.

REPÚBLICA. **Ed. de 2 de fevereiro de 1993**, p. 1. Florianópolis, disponível na Biblioteca Nacional. Acesso em: 8 ago. 2023.

REPÚBLICA. **Ed. de 12 de março de 1924**, p. 1. Florianópolis, disponível na Biblioteca Nacional.

REPÚBLICA. **Ed. de 8 de abril de 1924**, p. 1. Florianópolis, disponível na Biblioteca Nacional.

REPÚBLICA. **Ed. de 22 de julho de 1924**, p. 2 e p. 6. Florianópolis, disponível na Biblioteca Nacional.

REPÚBLICA. **Ed. de 4 de março de 1927**, p. 5. Florianópolis, disponível na Biblioteca Nacional.

REPÚBLICA. **Ed. de 5 de junho de 1929**, p. 2. Florianópolis, disponível na Biblioteca Nacional.

REVISTA TRILHAS DA HISTÓRIA. Três Lagoas, v. 3, n. 5, jul.-dez. 2013, p. 86-104, p. 98.

RIPPEL, Pedro. **Willy Barth, uma biografia**. UNOESTE, 2019.

SANTOS, Ana C. A. dos. **A população do município de São Miguel do Oeste e o contexto da educação e cultura municipal**. UNOESC, 2021.

SCHMIDL, Ulrich. **Viage al rio de La Plata y Paraguay**. Buenos Aires: Imprensa del Estado, 1836.

SILVESTRIN, Jussara; DALMAGRO, Sirlei. **São Miguel do Oeste**. Dissertação (Licenciatura Plena de História). Universidade de Passo Fundo, janeiro de 1977.

WEIGERT, Daniele. **Estratégias familiares na fronteira do Paraná**. UNICAMP, 2016.

ÍNDICE REMISSIVO DE FIGURAS

Figura 1 – Nascente do Lajeado Guamirim

Figura 2 – Mapa da Linha Telegráfica até 1930

Figura 3 – Gravura do explorador Ulrich Schmidl com uma onça

Figura 4 – Mapa do trajeto de Ulrich Schmidl pela região

Figura 5 – Ilustração de cobras no Rio Uruguai, relatadas por Schmidl

Figura 6 – Mapa onde São Miguel do Oeste pertence ao Paraná

Figura 7 – Mapa de 1882, onde a Argentina reivindica a região

Figura 8 – Cacique Kaingang Maidana e família, que viviam na fronteira

Figura 9 – Filhos do Cacique Maidana

Figura 10 – Os muros de Campo Erê

Figura 11 – Os argentinos chamavam o Peperi de Pihay-Guassu

Figura 12 – Governador Felipe Schmidt

Figura 13 – Governador Hercílio Pedro da Luz

Figura 14 – Vista de Mondaí na década de 1920

Figura 15 – Passagem da Coluna Prestes pela região

Figura 16 – Luiz Carlos Prestes

Figura 17 – Estrada de Mondaí a Dionísio Cerqueira, pelo Guamirim

Figura 18 – Saída da caravana de Mondaí

Figura 19 – Caravana do governador Adolpho Konder em 1929

Figura 20 – Governador em frente à barraca no Lajeado Vorá, em 1929

Figura 21 – Balsas no Rio das Antas

Figura 22 – Willy Barth

Figura 23 – Primeira turma de abertura de estradas

Figura 24 – Família Lamb, antes de mudar para a Vila Oeste

Figura 25 – A chegada dos primeiros colonos a partir de 1940

Figura 26 – Vista da Vila Oeste após a chegada dos primeiros colonos

Figura 27 – Construção da ponte sobre o rio das Flores

Figura 28 – Fundos do Bolão do Pubi

Figura 29 – Comércio de Granzotto, Minghelli e Fracasso na Vila Oeste

Figura 30 – Gastón Benetti e outros moradores

Figura 31 – Vitório Pivetta, motorista que trouxe as primeiras famílias

Figura 32 – Francisco Ferrasso, um dos primeiros moradores

Figura 33 – Madeireira na Vila Oeste em 1945

Figura 34 – Embarque de madeiras em balsas no rio das Antas

Figura 36 – Padre Aurélio Canzi

Figura 37 – Embarque de madeira em caminhões da Sican

Figura 38 – Construção da igreja matriz

Figura 39 – Moradores fazem mutirão nos arredores da igreja

Figura 40 – Evangélicos em Bandeirante

Figura 41 – Evangélicos em Paraíso

Figura 42 – Governador Trotta e secretários

Figura 43 – Lugar onde iniciou o funcionamento do Cine Cacique

Figura 44 – Governador Frederico Trotta

Figura 45 – Área central e primeira escola de Vila Oeste

Figura 46 – Primeira delegacia de polícia

Figura 47 – Visão central de Vila Oeste

Figura 48 – Bar Farroupilha na **década de** 1940

Figura 49 – Leopoldo Olavo Erig

Figura 50 – Campanha eleitoral na Vila Oeste em 1949

Figura 51 – Dia da instalação do distrito de São Miguel do Oeste

Figura 52 – Primeiro hotel de Bandeirante

Figura 53 – Chegada do maquinário para construção do aeroporto

Figura 54 – Campanha eleitoral de Olímpio Dalmagro

Figura 55 – Posse de Erig

Figura 56 – Vista parcial de São Miguel do Oeste

Figura 57 – A disputa entre Giehl e Dal Magro

Figura 58 – Carreata da vitória de Olímpio

Figura 59 – Lideranças do novo município

Figura 60 – Comércio na área central

Figura 61 – O transporte feito em carroças

Figura 62 – A ata de posse de Avelino de Bona

Figura 63 – Avelino de Bona na porta da prefeitura

Figura 64 – Avelino de Bona em Passo Fundo

Figura 65 – Prefeito Pedro Waldemar Ramgrab

Figura 66 – Rua Almirante Tamandaré

Figura 67 – Prefeito Hélio Wassun

Figura 68 – Prefeitos Zorzo e Luiz Basso

Figura 67 – Obras na BR-282, em 1967

Figura 68 – Estrada da Barra do Guamirim, entre Vila Oeste e Descanso

Figura 69 – Primeiros funcionários da *Rádio Colméia*

Figura 70 – Funcionários da *Rádio Colméia*

Figura 71 – Segunda sede da *Rádio Colméia*

Figura 72 – Inauguração do DDD

Figura 73 – Área central e Rua Sete de Setembro

Figura 74 – Caminhão carregado da Sican

Figura 75 – Madeireira de Nadir Bertuol e João Martini

Figura 76 – Prédio da Sican na Sete de Setembro

Figura 78 – Madeireira de fundo de quintal

Figura 79 – Funcionários da Celesc

Figura 80 – Frigorífico Aurora

Figura 81 – Colégio São Miguel

Figura 82 – Professoras do Colégio São Miguel

Figura 83 – Universidade do Oeste

Figura 84 – Médico Guilherme Missen

Figura 85 – Hospital Regional

Figura 86 – Hotel Oeste

Figura 87 – Batista Predebon e Guerino Teló

Figura 88 – Hotel Solaris

Figura 89 – Hotel San Willas

Figura 90 – Hotel Figueiras

Figura 91 – Plantação de trigo

Figura 92 – Plantação de lúpulo

Figura 93 – Câmara de Vereadores em 1989

Figura 94 – Deputado Maurício Eskudlark

Figura 95 – Deputado Mocellin

Figura 96 – Vista aérea de São Miguel do Oeste

Figura 97 – Vista parcial de São Miguel do Oeste